天使の歌が聞こえる

ドロシー・マクレーン＝著
山川紘矢・山川亜希子＝訳

日本教文社

天使の歌が聞こえる◆目次

装幀……川上成夫
装画……合田佐和子

第1章　はじめに

天使と話す方法を学ぶということは、
今までとは違った深いレベルで、
自分自身と、そしてお互いと
話し合う方法を学ぶための、
一つの手段である。

そう、すべての自然に命を吹き込み、すべてを創造している天使という、偉大な存在と私は話している。他の時代、他の文明であったならば、私は僧院や寺院に閉じこめられるか、もっと悲惨であれば、魔女として火あぶりの刑に処せられていたかもしれない。現在のように懐疑的な文明の時代では、こうした主張は嘲《あざ》けられるか、又は夢想家のたわ言だとみなされることが多い。実際的で現実的な人間である私は、天使と話す方法を学ぶ気もまったくなく、そんなことが可能でしかも役に立つとは、想像すらしたことがなかった。でも、この交信が始まった時、それは私が疑いをさしはさむ余地がないやり方で、起こったのだった。

フィンドホーンの菜園で確固たる証拠が示され、それはフィンドホーン共同体が発展する基礎となったのだった。この菜園は砂丘に作られていたが、そこはほとんど水分も養分も必要としないスコットランドの灌木《かんぼく》と雑草以外は、どんな植物の成長も歓迎せず、寄せつけることもないひどい条件の土地だった。しかし、植物の成長に光を与え、指揮している天使のような存在とテレパシーで交信することによって、私たちは具体的な指示と霊的な援助を与えられたのだった。その結果、何種類かの熱帯植物まで植えられた菜園は驚くほど見事に成長し、生命力に溢《あふ》れるようになったのだった。そこを訪れた土壌学者も園芸家も、従来の有機農法の知識では、まったくその原因を発見することができず、天使の援助という聞いたこともない説明を、受け入れざるを得なかった。

天使と話す方法を学ぶということは、今までと違った深いレベルで、自分自身と、そしてお互いと話し合う方法を学ぶための一つの手段である。また、もっと心を広げて宇宙と交信する方法や、共同創造者としての私たちの役割と同調し、その進化のプロセスに参画する方法を学ぶことでもある。現代の通信手段は物質的技術的には、目を見はるばかりに発達しているが、それとは別のより精妙な形の交信は、まだ手をつけられずに残されている。この世界と私たちの未来のために、私たちは今、こうした深いレベルの交信形態を使い始める必要があるのだ。私は自分の交信体験から発見したことを人々に語ることによって、誰もがみな、この交信を行なうことができるということを、伝えたいと思っている。この形の交信こそ、生命の、そして人生の本質と喜びと力との、真の一体化に他ならないからだ。

この交信をするためには、テクニックは重要ではない。十回のレッスンや二回の週末セミナーで教えられるような簡単な方法など、私は持っていない。産業文明に住む人々は、すぐに欲望が満たされることを望み、期待している。でも、真の交信は私たちの存在自体から起こるものなのだ。それは学ぶものと言うよりは、生きてゆく過程で、そう成るものなのだ。私たちが本当に交信しているものは、私たちであるものであって、言葉で言えるものではない。天使と交信するためには、人生と他の人々と自分自身に対する、ある種の全体的な視野と態度が必要なのだが、私はそれを教えることはできない。でも、私自身の人生と体験を通して、この態度とは何であるか、そしてそれは私の中でどのように発展し、表現されていったかを示すことはできるだろう。

私は誰でもみな、天使と話せると思っている。ひどく人間的な悩みや思いを抱えているこの私が、そのやり方を学んだという事実こそ、古いやり方を変え、自分の世界を新しい方法で探求しようという意欲さえあれば、誰にでもこの道は開かれている、ということを示していると思う。必要なのは、現実の見方を喜んで広げることと、自分自身と自分の周囲に心を開いていること、そして、自分自身の全体性を認識するための行動だけなのである。

第2章　生い立ち

私が人や天使の言葉で語ったとしても、
もし愛がなければ、
私はやかましい鐘や
騒がしいシンバルと同じである。
「コリント人への第一の手紙」第十三章一節

私の子供時代はとても堅実で、多くの人々に支えられてきた。しかしそれ以上に、ごく普通のものだった。私の両親は非常にすばらしくて愛情深く、二人を知っている人々から愛され、尊敬されていた。私たちはカナダの小都市の、丘のてっぺんにある古い家に住んでいた。父が育ったこの古い家は木の間にあって、芝生とでこぼこの土地に囲まれ、森のそばには花畑と野菜畑があった。

私の最初の鮮明な記憶は、自意識が芽生えた時の記憶だ。それまでは、私は明るくて幸せそうな子供だったと聞いている。でも、幼稚園で、自分が完全に誤解されていたことに気がついて困惑した瞬間に、世界は私と一緒のものではなく、私に反対するものだと考えるようになってしまった。その瞬間、私はまっさかさまにエデンの園から墜落し、びくびくした不幸な小さな人間になってしまったのだった。

しかし、どの子供もそうであるように、私は十分に今に生きていた。一年も一日も同じ長さに感じていた。季節はやって来ては去り、オンタリオの変化の激しい気候に、特別な輝きを与えて過ぎていった。どの季節も、その時々の私のお気に入りだった。冬のまっ白な雪の美しさとさまざまなスポーツ、夏の暑さと休暇、秋の燃え立つような色彩と煙の匂い。私はわが家の敷地に隣り合った森を探険したり、冬にはそこでスキーをしたり、春には最初の野の花を見つけたりするのが、大好きだった。かっこうの遊び場があり、両親も暖かく歓迎したために、私たちの家は私と二人の弟だけでなく、近所の子供たちにと、とっても居やすい場所だった。わが家にはお金がなかったにもかかわらず、愛情豊かな家族の間にいると、私たちは何不足なく感じることができた。自転車を買うために預金するのも、私には嬉しいことだった。その上、公立の図書館にはたくさんの本があって、私はすぐにそのとりことなり、生来の探求心に火がついて、私は本の虫になった。

でも、このような環境は、私を幸せにしたのだろうか? まったくそうではなかった。幸せは、その人の内的状態とその人の周囲との関係に関わっている。八歳のときには自分も他の人もみな、自分が望むものになれる、望むことができると、確信していたのを覚えている。しかし、思春期に伴う自意識過剰な気恥ずかしさの中に、気がつかない内にこの内面的な強さは埋《うず》もれてしまった。当時、家で開かれたダンスの会は、特につらかった。男の子と女の子がそれぞれ部屋の両側に整列して、みんな(少なくとも私は)恥ずかしくて笑顔を作ることもできずにいた。そして、ビクビクし、自分はだめだと感じたのだった。

私が十七歳のとき、親切な伯母のお蔭で、大学で勉強するチャンスが与えられた。絵の勉強がしたかったけれど、その夢は諦《あきら》めることにした。多少の才能はあっても、自分は天才ではないとわかっていたからだった。いくつかの課目をあれこれ比較検討した結果、実務的なビジネスの勉強をすることに決めた。それも、普通は四年かかるところを三年間で集中的に行なうコースに入学したのだった。西オンタリオ大学に入学すると共に、私の新しい人生が始まった。そして新しい友人の輪を広げ、それまでの生活習慣や否定的な自己イメージから抜け出すチャンスも訪れた。学生寮がなかったので、金持ちの社交家やおとなしい勉強家の集まるクラブではなく、バランスが取れていて、活発で、実行力のあるタイプの学生が集まっている学生クラブに、私は加入した。理論などの学科は大して難しくなかったけれど、タイプと速記は苦労の連続だった。この二つの実習では、私はお先まっ暗なほどに成績が悪く、実技テストのたびにひどく緊張し心配して、ますますこの課目が嫌いになるばかりだった。バドミントンは私の大好きな課外活動になり、一年生の時には、四人組のチームを結成したほどだった。

大部分の学生と同じように、私たちも自分は誰であるか、人生の目的と目標は何なのか、大いに議論したものだ。私の家族が属していた長老教会では、私はこうした問題に対する答えを見つけることができなかった。両親の穏やかな誠実さは、私にとって最高の教えではあったものの、知的な満足感を与えてはくれなかった。伝統的な宗教の神は、人生に関する深い疑問とは、ほとんど関係ないように思えた。真実は教義や主義とは無関係だと信じていたのだ。残念ながら、大学での議論からも、真実に近づくことはできなかった。答えなどないのだ、もし、あるとすれば、すでに本で読んだり、聞いたりしているはずだから、と結論を出したことを、今でも憶えている。当時はまだどの書店にも図書館にも、人生の神秘性やオカルトに関する書物はおろか、他の宗教に関する本すら、置かれてはいなかった。でも、東洋のマスター（悟りを開いた師）についての本を読んで、その考え方の幅の広さに感動したことを、かすかに憶えている。

家族は私に、大学を卒業した後は見習い秘書として就職し、いつかは結婚して落ち着いて欲しいと望んでいた。また、私もそれを当然のことと思っていたのだが、大学を終わって就職する頃には第二次世界大戦が始まり、私たちの世代は普通の人生から外《はず》れていった。そしてもっとすばらしい事をしたいという思いが、私の中に目覚め始めた。英国機密情報局がニューヨークで働くカナダ人秘書を募集していることを知ると、トロントの保険会社の堅実な仕事が、とてもつまらなく思え始めた。ニューヨーク！でも、そこは外国で、その上、誰一人、知り合いがいなかった。友人や親類の、大都会は淋《さび》しいよ、一人ぼっちになるよ、という警告に耳を傾けはしても、それでも私は行きたかった。実際にニューヨークに行ったことのある友人が、「行ってみれば、あなたのためになるかもしれないわ」と言ってくれた時、私はやっと決心がついたのだった。

まだほんの二十一歳だったので、人事局はトロントの中央駅から私につき添いをつけてくれた。そこで私はシーナと出会ったのだ。彼女は私よりも七歳年上で、その後、私の人生に大きな影響を与えることになる女性だが、その時は、私は彼女が見るからに世知にたけていることと、そのケルト風な美しさに気づいただけだった。私たちはニューヨーク行きの汽車に乗り込んだ。この旅行で覚えているのは、ポーターにチップをいくら渡すべきか、心配していたことだけだった。

私の目には、ニューヨークは華やかでわくわくする町に見えた。五番街のしゃれた店や、ジンベルの地下の安売り、劇場見物、摩天楼、そしてさまざまな異国料理のレストランなど、私は大好きになった。イギリス情報局での私の仕事が厳重秘密で、自分が何をしているかさえ、誰にも話してはいけない、とわかってからは、私はこの仕事にもっと魅力を感じ始めた。初めての日にニューヨークの町を歩きながら、自分がそんな魅力的な仕事に本当についたのかどうか確かめるために、時々、ほほをつねってみたものだった。もちろん、私はほんの秘書にすぎなかったけれど、扱う書類は保険会社の日常的な書類とは、まったく別のものだった。また、上司はみなイギリス人で、私にはとても有能で洗練されているように見えた。

二、三週間たつと、シーナも私も、それぞれに友達を見つけた。シーナは音楽や芸術に関心のある友人を作り、私はバドミントン好きのトロント育ちのベティと仲良しになった。ベティと私はどんなチャンスも逃がさずに一緒にニューヨーク中を探訪し、間もなくさらに世界へと行動範囲を広げていった。パナマに秘書の職があると聞くと、私たちはそれに応募してニューヨークを離れ、中央アメリカで政府の仕事をすることになった大勢の女性たちの、第一号となった。

私たちにとって、パナマは熱帯の花々やジャングル、毎日やってくる激しい夕立、それにピンクジンや華やかな社交生活の目くるめくばかりの連続だった。運河地帯に駐留していたアメリカ軍の兵士はみんな、デイトをしたくてたまらないようだった。そして私は人気者になるという新しい体験を楽しんだ。ベティと私はさまざまなポストに誘われるたびに、世界中あちこち移動し続けた。最初は、私の元の上司に呼ばれて、グアテマラに移った。次にハイチのブードゥー教の話に魅かれ、さらに英領ホンジュラス沖のサンゴ礁に浮かぶすてきな船の家に誘惑を感じた。こうした私たちの努力に対して、本省は「ここは旅行会社ではない。もう一度言う。旅行会社ではない」という暗号電報を打ってよこしたのだった。

パナマオフィスでは、ジョンという風変わりな青年が、私たちと一緒に働いていた。くしゃくしゃな赤毛の彼はいつも一人でいて、秘密めかした感じだった。彼は自分の国籍さえも秘密にするのに成功していた。誰も彼がイギリス人なのかノルウェー人なのか、知らなかったのだ。オフィスでは彼にまつわるいろいろな噂《うわさ》が流れていた。何のためかさっぱり分からないけれど、彼は浜辺で足を組んで何時間もすわっていた、といった話だった。こうしたことによって、彼に対する私の興味がかき立てられ始めた。ある晩、ジョンと話していた時、彼がアトランティスについて、おとぎ話や神話としてではなく、歴史上の事実として私に話してくれた。こうした会話は、大学時代に答えを見つけられなかった疑問を、私の心に再び目覚めさせた。しかも彼の答えは正しいと、私は思ったのだった。

　私は彼と一緒にいるのは楽しかったけれど、彼が私に結婚を申し込んだ時は、断わってしまった。彼のことを何も知らなかったし、彼の欠点が見えていた。まわりの人々も彼の変わった所に不信を感じて、彼とは結婚するなと私に忠告してくれた。それに、私は自分の人気をまだ楽しんでいた。間もなく、ジョンは私に、結婚してくれるかどうかではなく、いつ結婚するのかと、聞くようになった。ある朝、彼がブエノスアイレスへと転勤を命ずる電報を手に、私の机にやって来た時、びっくりしたことに、急に新しい神秘的な体験をしたいという思いが、私の心に閃《ひらめ》いた。一瞬の内に、私は彼と結婚しなければならないと、はっきり悟ったのだった。その瞬間、すべての私の心配やためらいは消え失せていた。またすぐにその思いは戻ってきたものの、さきほどの閃《ひらめ》きはそうした思いを完全に押しのけてしまった。その上、時間がなかった。その瞬間から、運河地帯の教会での結婚式や披露宴の準備と、二人のパスポートの申請などを、一週間であわただしく行なわなければならなかった。結婚してやっとゆっくり腰をおろした時には、私は彼と一緒にアルゼンチンへ向って飛行中だった。そして、少なくとも、彼がイギリス人であることは判明していた。

　ジョンも私も、旅行と移り気なラテンアメリカの国々の生活が好きだった。そこで私たちはさまざまな新しい出会いを得、本物の革命さえも体験することができた。戦時中だったので、私たちの生活の中心はイギリス政府の仕事であり、私たちは毎日長時間働いてほとんど自由な時間はなかった。次第に、ジョンの生活にはもう一つのとても大切な一面があることに私は気がついた。しかし、彼はそれについて私に何も話してはくれなかった。それがわかったのは、ある晩、夜中に目が覚めて、私の横のベッドが空っぽであることに気がついた時だった。何と、ジョンは静まり返った居間で、あぐらをかいてすわっていたのだ。次の朝、遠まわしに彼に質問してみた。まともに質問すると、彼が永久に口を閉ざしはしないかと心配だったからだ。しかし、まったく何の返事もなかった。彼の秘密に私は次第にいらいらするようになった。しかし、どうすることもできずに、それを受け入れるしかなかった。受け入れようと務めている頃、ジョンが私をリオデジャネイロのとある公園に置いたまま、友人を訪ねに行ってしまったことがあった。私はその午後を歩きまわったり、迷子になって待ち合わせの場所に戻る道を探し廻ったりして過ごした。その間、あとで分かったことだが、ジョンは友人から、私も連れて来るべきだと、責められていたのだった。ついに、彼もそうすることにした。

シャバスとヌリアはスーフィーの教師だった。スーフィーは霊的修業の教えの一つだが、当時の私は聞いたこともなかった。私たちは彼らの宇宙崇拝の儀式に出席した。この儀式では、バガバッドギータや聖書、コーラン等から、同じような文章を読み上げることになっていた。ここでついに、私は真実の普遍性という私の信念と合致するものを発見した。そしてやっと、ジョンの関心が何か、ヒントを得ることができたのだった。

「もちろん、この人を知っているでしょうね」と言って、シャバスは私にインド人の写真を見せた。私は「いいえ、誰ですか?」とたずねた。シャバスはジョンを非難するように見ながら答えた。

「この方の名前は、ハズラット・イナヤット・カーンです。彼はイエスのあと、最もすぐれた人物です」

私は何も返事をしなかった。それは私の文化的な思い込みにまったく反していたからだ。私は彼の言

▲子供がみなそうであるように、私も“今”に生きていたころ。

▲慎《つつま》しくて誠実な両親は、私に最もすぐれた教えを与えてくれた。（右側二人が両親）

▲ジョンは私に結婚を申し込んだ……。

◀ 私はシーナに出会った。そして、彼女は私の人生に大きな影響を与えることとなった。

葉をすぐに拒否した。イエス・キリストが唯一、神の愛《いと》し子なのだ。私にはその考え方が深い意味を持っているわけではなかったが、完全に捨て去るには、あまりにも深くまで埋め込まれていたのだった。しかし、それ以外の教えられた事柄に、私はとても満足した。そしてシャバスがこの教団に入門することを許してくれた時は、とてもうれしかった。私はマントラと呼吸法と教本を与えられた。その後、私はイナヤット・カーンの講演要旨をいくつも読み、その知恵に満ちた簡潔さに、深く感銘を受けた。講演のテーマはいろいろだったが、人生の目的とは、神の意識になることであると、教えていた。

　なぜジョンはこんなにも大切なことを、私に教えようとしなかったのだろうか？　霊的な事柄について、夫や妻に影響を与えてはいけないと思っていたからだと、彼は説明した。でも、私はこの説明を受け入れられなかった。おそらく、彼は私の興味を失わせてしまうのではないかと、本気で心配していたのかもしれない。その当時も今も、私には良く分からないままだ。でも、やっと二人で一緒にこうした事柄を体験できて、私はとても嬉しかった。そして、彼のお蔭で私の人生が意味のある新しい方向に向かったことを、深く感謝した。今思えば、スーフィー教に入門することによって、私は霊的成長を人生の中心に置くことを選択したのだった。私が成長の過程で奉じた他の教えと同じように、それは私を内面へ、常に内面へと向かわせてくれた。

　戦争にもっと実際に関わり合いたいと思って、ジョンと私は南アメリカを離れ、ロンドンに向かった。ロンドンでは、私たちはイギリスの「霊的」グループをいくつも訪ね廻った。そのほとんどはなかなか興味深かったものの、私の好みからすると厳格すぎるかあるいは、甘すぎるかのどちらかだった。また、ロンドン周辺のスーフィーの人々にも会って、一緒に仕事をするようになった。そしてハズラット・イナヤット・カーンはイエス・キリストのような存在だと言われていたので（この比較を私はどうしても受け入れられないが）、彼の一生を研究することにした。密《ひそ》かにそして批判的に、私は彼の行動とその教えの間の矛盾を探ろうと、四年間にわたって、彼を知っていた人たちに質問をし続けた。私の態度が変わり始めたのは、彼らが話してくれた事ではなく、イナヤット・カーンの名前を言っただけで、人々の態度が変わるという事実だった。彼を思い出す時、冷酷極まりない寮母でさえもがやさしくなり、愛情深くなるのだった。私は何一つ品位を欠く点を見つけられず、ついに、彼を真にキリストの光に満ちた人物として、受け入れざるを得なかった。研究している内に、私はそれが何を意味しているのか、自分なりの理解に達することができた。キリストの光に満ちた人物とは、すべての物に神性を見い出し、その全存在の中心から考え、感じ、行動する人物である、とわかったのだった。イナヤット・カーンはこの原則を具現化した存在であり、それは今日でさえも、その意識に達することができる、ということを示していた。そして、彼の人間性は、私のために神と人との間を近づけてくれたのだった。

　そして、シーナが再び私の人生に現れ、私たちの関係は新しい段階へと進んだ。私の人生は霊性が中心になっていたので、今や、私はシーナの霊的な面に心を開き始めていた。それはニューヨークでは私が気づかなかった彼女の一面だった。彼女はクエーカー教徒の出であり、新約聖書の教えが現実の生活そのものだった。子供の頃から神との合一を求めていたという、生まれながらの神秘家であるシーナにとっては、自分の内的な体験を旧来のキリスト教の枠内で解釈することは難しかった。ジョンに教えられて、彼女はやっと自分の体験がオカルトの伝統の一つのパターンにあてはまることに、気がついたのだった。それによって、彼女は自分自身と自分がこれから教えるべきことを、より深く理解できるようになった。「コリント人への第一の手紙」の十三章は、彼女の聖典だった。

「たとえ私が人々の言葉や天使の言葉を語ったとしても、もし愛がなければ、私はやかましい鐘や騒がしいシンバルと同じである……」

彼女にとって、愛は単なる美しい概念ではなかった。行動に不可欠なものだった。そして彼女にとって、神とはすべてのものの内に存在し、日々の生活で表現されなければならないものだった。

「愛は所有することではなく、与えることを求めている」と彼女は私たちに教えた。そして彼女の愛は助けを必要としている人やものへと、間髪を入れずに向かうのだった。直観的な勘で彼女が誰かに電話をすると、その人がまさに助けを必要としているその時であることが、何回もあった。

彼女の愛の大きさが良くわかる一つの出来事があった。シーナと私でお祭りに行った時、ノミのサーカスに行き当たった。そこでは二匹のノミ（あまりにも小さいので、見えやすくするために、彼らには鳥の羽毛がつけられていた）がお互いに競争させられていた。シーナはこの見るからに小っぽけな生き物が受けている虐待にひどく同情し、心を痛めていた。そして、この時の彼女の思いは、私の心に強くひびいた。彼女にとっては、すべての生命が愛に値するのだった。

シーナと共に、私は行動する愛の実践的な意味を理解し始めた。そしてこれは、私の成長の新しい段階を示すものだった。人生には計画と目的と進歩があり、誰もが常により高い原則と調和を深める方向へと成長していると、私は思い始めた。しかし、こうした概念を私自身と合体させるために必要な体験がどんなものなのか、幸いにも私には想像が及ばなかった。それに、私はそんなことを選ぶ気はまったくなかった。そのためには、私の人生の方向が完全に変わってしまうからだった。

私の結婚は私の理想にはほど遠かった。ジョンは知的にも霊的にもすぐれた力を持っていると私は思っていたが、一方では、彼はひどく利己的で、しかも私を大切にしなかった。新しい知人は、私たちが結婚していると聞いて、びっくりするほどだった。結婚した男女の間に大切だと思われる愛情を、彼は一切示さなかった。私はそれに対して、次第に内気になり、彼の仕打ちに対する怨《うら》みや怒りをすべて、心の中に閉じこめてしまった。とどのつまり、私たちの関係はある意味では、私が選んだわけではなかった。思いもかけない心の中の声が、そうするように仕向けたのだ。ジョンもまた、同じように思っていたのかもしれない。彼は私たちの結婚は当然のことだと信じていたからだ。しかし、今では私は彼を愛するようになり、彼に依存するようになっていた。

シーナはこの状況を非常に良く見ていた。そして私を助けたいと思って、彼女自身の内なる源に導きを求めた。そして、彼女は私のためにメッセージを受け取ってくれた。そのメッセージは、人間関係や愛や結婚の責任と現実を彼に認識させるために、ジョンを諦《あきら》める気持があるかどうか、私に問い正すものだった。私はシーナを愛していたし、信頼もしていたが、このひどい提案を受け入れられるほどには、十分信頼しているとは言えなかった。そんな事は一度も考えたことがなかったし、このメッセージは私の中にジョンのいない人生に対する大きな怖《おそ》れをもたらした。しかし、このメッセージは私に、愛の最も気高い体験に基いて行動すべきだということを、思い出させてくれた。

私はある体験を思い出した。それはとても深い印象を私に焼きつけたけれど、あまりにも個人的な体験だったので、誰にも話していなかった。その体験は、ジョンと私がセックスをしている時に起こった。オーガスムに達するかわりに、私は突然、別の次元、別の意識状態へと投げ出されたのだ。そこでは、すべてが信じられないほどに美しく、悪は存在せず、存在することもできず、私は永久にそこにいたいと思うほど、至福に満たされていた。しかし、陶酔感の下の方から、ジョンが私を呼ぶ声が聞こえた。そして、私は、ここにとどまるか、それとも地上で彼が私を必要としているので、この新しく発見した天国を去るかどうか、選択するように言われた。私は彼のもとに帰ることにしたのだった。この体験を思い出した時、私にとってすばらしい状態に思えるもの、つまりジョンとの生活から今また、彼のために去らなければならないことが、はっきりとわかったのだった。

でも、なぜそれが彼のためなのだろう？　私ははっきりとはわからなかったが、すでにシーナのメッセージを信頼するようになっていた。また、関係が自分にとって難しくなると、すぐに逃げ出すという彼の昔からのやり方にも、私はすでに気がついていた。妻がいるということを、他の女性との関係をきちんと見すえもしなければ、結末もつけないための言い訳に、彼は使っていたのだ。離婚についてはメッセージは触れていなかった。しかし、もしジョンが結婚から自由になりたがっているとしたら、彼のために、私の一番大切な持ち物である彼を諦《あきら》める意志があるかどうか、試されているということもわかっていた。所有は真実の愛の一部ではないことを、私は知っていたからだ。離婚にはならないように私は望んでいた。シーナもあとで、離婚は予想していなかったわと私に語った。しかし、私は何でもする意志があるかどうか、試されていた。離婚という最悪の事態に直面できた時にのみ、自分が所有欲のない愛の状態から行動できるかどうか、完全にわかるはずだった。

私の問題は、離婚にも、そのように自分を「犠牲」にすることにも、自分が耐えられるとは思っていないことだった。それでも、そのための準備をしなければならないことは知っていた。ジョンが封鎖されたベルリンにいる間、私はロンドンで一人きりだった。妻を連れてゆくことは許されていない、と彼は言っていた。私は落ち込んでいた。利己的でなく何も要求しない与えるだけの愛を、必要とあらば離婚さえも喜んで受け入れて達成するための動機もエネルギーも、私は十分に持っていた。でも、その利己的でない思いをどのように実現すればいいのだろうか?

私は「サダナ」と呼ばれるスーフィーの一連の教えを学ぶことにした。目的を達成する方法に関する教えだった。私は自分の目標を知っていた。そして、これらの研究書がそのゴールに達するために役立つように祈った。さまざまな方法を説明しているので、これはとても役に立った。一つのやり方は、自分の目標を誰にも話さない、というものであった。そうすれば、もちろん、誰もその人に自分の考えを伝えても来ないし、いかなるプレッシャーもかけてはこないだろう。私は忠実にこのやり方にしたがって、両親にさえも私の問題や目的について話さなかった。この書物で推奨しているもう一つのやり方は、心の中に目標をはっきりとイメージし続け、それを疑ってこわしてはならない、というものだった。一度、疑いが生じれば、イメージを始めから再構築しなければならないからだ。私は二つに引きさかれていた。一方ではジョンと離婚できる、と自分自身を信じていたが、一方では、喪失感、失敗しはしないかという怖《おそ》れ、彼と一緒にいたいという思いが強く湧《わ》き上がっては、疑念に襲われるのだった。私は自分の宿題に従う強さを求めて祈り、この教えに没頭して過ごした。そして何カ月もの間、成功するためにこれらの書物を何回も何回も読み返してすごした。私は自分のエネルギーをすべてこの目標に注ぎ込んだ。そして、できる限り自分の怖れに背を向けて、自分の高次の本質を強めようと努力を重ねたのだった。

第3章　一人立ち

時を超えて永遠に達するほどの明瞭さで、
神は内に存在することを私は悟った。
神は理想や哲学が定義しているような
遠い存在ではない。
神は私の内に、私の命の中心に
現実に存在し、いつもそこにいる
私と不可分の存在なのだ。

この大変な時期、私はかなり一人立ちしているように感じていた。それと同時に、自分はだめだという深く埋め込まれた感覚があることにも、はっきりと気がついていた。今の私は、人間は常に変化し、動き、成長していることを知っている。でも、ほとんどの場合、私たちはこうした変化に気がつかないでいると思う。私たち女性は特に、感情や日常的な事柄、または他人の知恵などに頼ってフラフラと行く先を決めながら、まるで砂山の上を歩いているかのように、不確かな足取りで歩いていることが多い。どんなにすばらしい意図を持っていても、考えや行動のほんの少し不明確な部分に、足をすくわれたりもする。自分は本当はへまばかりして不完全なのではないか、平安と安定を欠いているのではないかという密《ひそ》かな疑いを、果てしなく確認し続けているのだ。勉強し反省し、エンカウンターグループで学び、祈りや瞑想を重ねて、どんなに自分自身を磨き上げようと努力しても、相変わらず小さな自分でしかない。それでも時々、私たちの理解を超えた力によって、私たちはこの自己増殖的な循環をたち切って、別の次元の理解へと達し、まったく今までとは違う認識に満たされることがある。この再生の一瞬から、私たちは新しい世界に生き始めるのだ。すると、以前と同じように自分自身や人生を見ることはできなくなる。くせになっている思いがこの一瞬の理解を多少曇らせることはあっても、それ以後は、私たちの問題や困難は、異なった形を取るようになる。少なくとも、これが私の人間「爆発」の体験だった。

このような悟りの一瞬が、ある晩、ロンドンのアパートで私の上に起こったのだった。私は台所のテーブルで、イギリスに来てから好きになったミルクをたっぷり入れたコーヒーを飲んでいた。初めて夫と別居して一人住《すま》いをしていた私は、自分が選んだ人生の問題点にはっきりと気づいていた。私はもっと愛情深く完全な人間になろうと努力している、大きな矛盾を抱えた人間だった。その時突然、急に、時を超えて永遠に達するほどの明瞭さで、神は内に存在することを私は悟った。神は理想や哲学が定義しているような遠い存在ではなかった。神は私の内に、私の命の中心に現実に存在し、いつもそこにいる私と不可分の存在だった。一瞬の内に、私は私自身に戻ったが、私以上のもの、永遠に私以上のものになっていた。私は真実を初めて、体験したのだった。

その時私は立ち上がって踊ったのか、喜びで泣き崩れたのか、驚きで動けなくなったのか、どちらなのかは今では憶えていない。しかし、翌日、当時私が通っていた絵画学校で私を見た友人がこう叫んだのは、良く憶えている。「あなた、変わったわね。何か起こったに違いないわ。どうしたの？　あなたの声まで変ってしまったわ」

私は幸せそうに彼女にほほ笑むことしかできなかった。説明できなかったのだ。そしてそれ以来、同じような体験を説明するために、さまざまな言葉を使ってきたにもかかわらず、未だに神は何か、私は説明できないのだ。でもその時は、ただ、それがわかったのだった。そして何週間もの間、神の存在を感じて、まさに空を歩いていた。

この自然に起こった栄光の瞬間は、それ以後も同様の一瞬を生み出していった。これは第一の入門式（イニシエーション）、又はキリスト教では、心の中にキリストの子供が誕生するという言い方で、あらゆる所に描き出されている。これが特別の出来事だと、私は言っているわけではない。きっと、さまざまな方法で、たくさんの人々が体験していると思う。そして、こうした体験こそ、新しい世界、新しい時代が生まれるための基礎なのだと信じている。この体験は、私の行動の核となった。しかし、きちんとそう意識していないと、私の性格は明らかにそれと反対の方向へ、私を引っ張ってゆきがちだった。日々の生活では、私は自分の中で分裂を体験していた。それは常にくり返される社会的道徳律のため、一層強められていた。しかし、ロンドンのアパートでのあの一瞬には、私はすべてが一つである感覚を体験したのだった。

命の中心に触れたことによって、私の気持ちは高揚したが、反対に、それは二つの現実の間にある相違を増大させたように思えた。しかも、奇妙なことに、その内なる存在は何一つ除外せず、あらゆるものを包み込んでいた。私たちの人生には、良い時と悪い時、内側と外側、肯定的なことと否定的なことが入りまじっている。私たちはこの二重性を感じ、正反対の事柄に翻弄され、選択肢もほんのわずかしかないと思っている。でも、十分に「より高いもの」と溶け合うようになると、「悪い時や低いもの」もプロセスの大切な一部であることが理解でき、こうした明らかに対立する力がお互いに働き合って大きな動きを作り出し、私たちそのものである大いなる全体へと私たちを高めてゆくということも、見えてくるようになる。その時にやっと、「悪に抵抗するなかれ」という言葉の意味が、理解できる。そして、何が起ころうとも、それは私たちの成長のために必要なのだということも、受け入れられるようになる。自分の二つの部分を和解させることができるのだ。そうすれば、私たちはまた、自分の「高次の」自己は、確かに天使であり、自分たちは天使と共に歩いているということを、私と同じように発見できるだろう。

この体験は、私の生活をすっかり変えてしまった。それからすぐに、私はジョンとの事に行動を起こす決心がついた。私は魂を注ぎ込んで彼に手紙を書き、行動に現された愛がなくしては、私たちの結婚はにせ物であること、私はカナダに戻るので、私と新しい気持ちで結婚を築きあげるか、それとも私と別れるか、彼が自由に選ぶようにと伝えた。私はこの私の行動が、彼の迷いをさますよう、願っていた。そしてこの手紙をベルリンから戻って来るジョンあてに、アパートに置いてゆくつもりだった。彼がアパートに戻る頃には、私はニューヨークへ向かう船に乗っているはずだった。しかし、いつも直観の鋭いジョンは、私が船出する前日に、カナダ行きの航空券を二枚手にして、ロンドンに到着した。彼と一緒に飛行機で行くべきか、船に乗るべきか、私はどうして良いかわからなかった。二人で休暇を取るための二枚の航空券は、彼が気持ちを変えたということを示しているのかもしれないし、そうではないのかもしれなかった。私ははっきり、どちらか知る必要があった。誤った選択をして、この何カ月間かの努力を無駄にすることはできなかった。どちらかに決めることができずに、私は苦しんでいた。私は壁に追いつめられていた。そして誰も私を助けることはできなかった。

やっと一人になれた時、本能的に、そして絶望から、私は内からの答えを請《こ》い願った。すぐさま、まちがいようもなく明確に、「メディア」という船の名前が私に伝えられた。知りたいと思う私の激しい気持ちが、何かを打ち破ったのだった。私たちが本当に求めさえすれば、必ず内からの答えを見つけることができるということを、私は知ったのだった。すぐさま、私のすべての苦しみは消え失せた。次の日、出発前にしなければならないたくさんの事柄を、何の苦もなく楽しくやり終えることができた。私たちが高次の自己と調和している時には、必ずそうなるのだ。一週間の船旅はすばらしい休暇となり、港には、心を入れ替えたジョンが私を出迎えに来ていた。しかし、彼が回心を説明するまでは、私たちの結婚が続いていると、私は認めることはできなかった。彼はすぐにベルリンへ戻り、私は両親を訪ねたあと、スーフィーの友人の家へと向かった。

エリカは二人の息子と一緒に、南カリフォルニアにある、「自然教団学校」と呼ばれているグループの近くに住んでいた。この教団はビトバンというアメリカ人の導師が中心になっていた。毎日、朝六時からビトバンの講話を聞くために、山を越えオレンジ畑の間を歩いて、私たちは一日を始めた。その時刻にはまだ真っ暗な時期もあったが、これはとても気持ちの良い散歩だった。私たち二人の性格の違いは、次のような特徴のある会話で良くわかるのではないかと思う。

いつも元気で楽しそうなエリカが、「見て！　月が出ているわ」と言うと、まだ半分眠っている私は不機嫌に「どんな馬鹿だって、月が出ていることぐらい見えるわよ」と答えるのだった。それにもかかわらず、私たちはビトバンの教えを学びながら、すばらしい一年をすごした。彼の教えはシャクティヨガと、アインシュタインの理論やコルジブスキーの意味論などの西洋思想を合わせたものだった。私たちは特に、ビトバンの作った格言が大好きだった。「反応せずに行動せよ」「言いわけをするな」（つまり、自分自身の行ないに言いわけを探してはいけない）などだった。しかし、彼は奇妙なつき通すような笑い方をして、私たちをへきえきさせた。この理不尽な理由で、私たちは二人とも、彼を師として完全に受け入れはしなかった。それにもかかわらず、私たちは疑似科学や心理学、意味論などの専門用語をたくさん覚え込み、自分勝手に口にしては、一九五〇年にイギリスに戻った時には、昔からの友人をびっくりさせたのだった。今、三十年たって、再びビトバンの教えに出会ってみると、それをもっと十分に理解し、認めることができるように私はなっていた。

手紙で、又は手紙をよこさないことによって、ジョンは新しい愛情も思いやりも示しては来なかった。私と本当に愛のある関係を作りたい、と彼は言っていたが、それを実行しなかったので、私が行動しなければならないということがわかった。そこで彼には何も言わずに、私はベルリンへ行き、離婚するための法律的な要件を見つけることにした。一カ月かけて、私は二人の状況を完全に調べ上げた。その間、私は信じられないほどに、エネルギーの流れに支えられているように感じた。ジョンはベルリン事務所のある女性と愛し合っていたにもかかわらず、最初は離婚はしたくない、と言い張った。それも、私の両親を傷つけたくないからだとか、他の人たちが何と思うだろうか？　といった理由にもならない理由のためだった。ついに、私たちは二人の関係に終止符を打つという結論に達し、別居して必要な法的措置を取ることに同意した。私たちは二人の関係をヨーロッパ旅行で終わらせることにした。二人ともこの旅を、二人の結びつきの初めではなく、終わりに行なったハネムーン体験だと考えていた。お互いに束縛から自由になって、私たちはこの旅を十分に楽しむことができた。私は大きな達成感を感じていたが、一方では、夫婦づれを見るたびにつらい思いをした。まだ、独身であることがすばらしいことだとは、思っていなかったからだ。

最終的に離婚できたのは、一年後だった。その間、私は絵の学校に戻って、勉強を続けていた。当時は気づかなかったが、今振り返って見ると、私の人生はこの結婚ですっかり変わっていた。ジョンを通して、私はスーフィーに出会い、私の人生に霊的な意識がもたらされたのだった。この新しい意識は、ビトバンやシーナに出会うことによって更に強化され、また、内なる神に目覚めるという内的体験は、私の信仰に新しい次元の真実をもたらした。私の結婚と離婚がそうであったように、私は内なる導きによって行動し始めた。それ以前の私は、どんな行動を取るにしても、前もって良い点、悪い点を注意深く分析して、理性のレベルで動きたかった。今、私は新しい自由を体験しながら、同時にいくつかの根本的な疑問に直面している自分に気がついたのだった。

日常的なレベルでは、当時、私は働かなくても食べてゆけるだけの十分な蓄えを持っていた。もう一つの面では、私は自分を捨ててジョンを愛するという目的を達成した。そのためには私の多大なエネルギーを費していたが、今、そのエネルギーをどこに向けようと、私の自由だった。でも、本当はどこに向ければいいのだろうか？　この人生の私の役割は何なのだろう？　私、ドロシーは何をすべきで、神の計画の中で私の場所はどこなのだろう？　私はこうした疑問の答えを得ることに、専念した。何カ月もの間、ロンドンのアパートの内装を完全にやり直す仕事だけをしながら、私はじっと考え続けていた。何一つ、閃《ひらめ》きはやって来なかった。ついに、何かを得るためには与えなければならないことと、何か行動することによって、何をするのが最も良いかわかるだろうということに気がついた。私は仕事、それも秘書以外の仕事を探すことにした。

私は教会に附属した「道徳福祉」という団体に参加しようと考えた。私の「道徳」という概念はイナヤット・カーンの、「最高の善のために自らを用いる」というものだった。一方、彼らの概念は、未婚で赤ん坊を生んだ女性たちの性に対する基準を向上させるために、彼女たちに手を貸す、というものであることが、すぐにわかった。皮肉なことに、離婚経験者としての私の結婚歴はこの仕事に有利であると思われていたが、もし、私が再婚すれば、私は不適性になってしまうというのだった。こんな道徳の微妙さは、私にはあまりにも複雑すぎたので、私は別の奉仕団体に参加することにした。ここでは、私は農業関係の指示を、インドのある村に向けて送る仕事をすることになった。でもすぐにまた、自分はロンドンに居ながら、インドの人々に何が一番彼らのためになるかなどと教える権利があるのだろうかと、疑問を感じるようになった。この経験は、変化は内から来るものであること、内なるものと共に働くことによって、最もうまく社会を助けることができるという私の信念を、明確化してくれたのだった。こうして、私の「善行を行なう」期間は終りを告げた。私は秘書として、再びビジネスの世界へと戻ることにした。

シーナと私の関係は今や、とても近くなっていた。私は自由な時間の多くを、彼女と共に過ごしていた。そして、アイリーンとピーターのキャディ夫妻をはじめとして、多くの人々が彼女のもとに集まっていた。ピーターはハンサムな英空軍将校で、すでに何年か、シーナに献身的に仕えていた。彼はバラ十字団の肯定的思考の実践を捨てて、シーナの愛の教えに従うことを選択したのだった。アイリーンは、私自身や私の以前の友人とはまったく違って、知的な事柄にあまり関心がなく、家庭的で母親的なタイプの女性だった。彼女もピーターも、私が自然に魅力を感じるような人々ではなかった。ピーターが極東に赴任した時、アイリーンと私はもう一人のシーナの友人、ギリアンと前よりももっと一緒にいるようになった。仕事のあといつも、私はシーナのアパートに行って、彼女の講義を速記にとった。彼女の講義は、キリスト教の愛の教えを敷衍《ふえん》したものだった。キリストとは何かという、良くわからなかった講義のことを、私は良く憶えている。キリストは人ではなく、ある状態まで成長したすべての人々に開かれているオフィスだ、という話だった。私たちは次第に、シーナを友人ではなく、先生として見るようになった。シーナはこの傾向を止めようとはしなかったものの、真の先生は私たちの一人ひとりの中にあり、外の先生を必要としなくなる時が来るだろうと、彼女は強調するのだった。

シーナの教えは必ず、直接私たちの生活に関係していた。一度、私が彼女のアパートの家具のほこりを払っていた時のことだ。私はこんな仕事は退屈だし、時間の無駄だと思った。すると彼女は、私の考えは非常にけしからんと言って非難し、私に出て行くようにと言った。私はそこまで正確に私の考えを読まれるのは嫌でたまらなかったが、その後、自分が何かを愛情を込めずやっていることに気づくたびに、この出来事を思い出し、自分を変えようと努力した。私の周囲のものは、私の心の状態によって影響されることに気がついたからだった。普通は、彼女自身の態度が最も有効な教えだった。事実、私の一番好きな彼女の思い出は、彼女の小さなアパートで喜びに溢《あふ》れて即興のダンスを踊って、魔法にかかった鹿のように、楽しそうに飛びはねている彼女を見ている時のものだった。

シーナが私たちに与えてくれた助けや教えのお返しとして、私たちはそれぞれ自分にできる奉仕を彼女に捧《ささ》げた。一度、彼女が病気だった時、私たちは自分たちの手からヒーリングの光が出ていることに気がついた。それぞれに違う方法であったが、私たちは彼女のためにヒーリングを行なったのだった。

その頃、アパートに一人で居ると、同じ思いが何回もくり返し、私の心に浮かんで来た。「立ち止まりなさい、聞きなさい、立ち止まりなさい、聞きなさい、書きなさい」という声だった。私はずっとその声を無視していたが、あまりにもしつこく続くので、ついに耳を傾けざるを得なくなった（でもほんの一時的なつもりだった。私の理性的な頭は、陳腐《ちんぷ》で安全なことしか、書くのを拒否していたのだ）。私はその要点だけを書き止めたメモを誰にも見せなかったが、ある時、シーナがそれを見つけてしまった。私が書き止めたものを注意深く読んでから、彼女は私に、どれもみな神から伝えられたものだから、その提案を行動に移しなさいと言った。彼女に勇気づけられると同時に、私の内なる水門が開き、すばらしい喜びと楽しさに満ちた思いや感情が流れ出し始めた。私にとって、その源は神だった。この霊感が、私が初めて内なる神を体験した時の場所と同じ所から、やって来たからだった。でも今度の霊感は楽しさに溢《あふ》れていて、それまで、神の資質だと私が思い、経験していたものとは、似ても似つかなかった。私の初めての体験は求めずして起こったが、今は自分でそのすばらしい内なる存在へと、立ち戻ることができるようになったのだった。そしてその存在は常に異なり、しかも常に同じだった。

振り返ると、シーナが同じような形でメッセージを受け取る様子や、アイリーンが毎日、ガイダンスを書き記し始めたのを見て、私の心はこのプロセスを自分もやりたいと思ったのかも知れない。スーフィーの修業を通して、私は集中力の高め方を学んでいたので、これは意識を集中させるために、とても役に立った。ひとしきりいろいろな思いをめぐらせたあと、私は意識を集中し続けて、思いや感情を明確なものにしてから、それを言葉に現すのだった。私には声は聞こえなかった。ごく繊細で純粋な内からの呼びかけがあり、私はそれを自分のやり方で、私自身の言葉で書き記した。その呼びかけを体験しながら、周囲の状況をはっきり意識したままで、私はそれを速記で書き記した。その内容は次第により一般的な霊的なものへと広がっていったが、私は最初の頃の軽やかな、むしろ軽薄と言えるようなものが大好きだった。

幸福な人生を送るには、あなたの体や風習、社会規範や人の意見に従ってした約束を、すべてキャンセルすることが必要です。うきうきしてこうした約束は捨て、あなたの予定表を私の仕事で埋めなさい。これは今までの習慣とは違うかもしれませんが、ずっと充足感が得られます。一日一日が白紙のページです。そしてすべての時間に、「良く過ごせた」という意味の星印をつけるようにしなさい。それも同じ大きさでいろいろな色の星印です。なぜならば、その時間を私が計画した通りに過ごしていれば、ある瞬間が他の瞬間よりも大切だ、ということはないからです。

もちろん、私はこうした文章を疑っていた。神が「彼のくちびるから出る楽しげな思い」について語るなんておかしい、と私の理性は主張した。しかし、シーナは大喜びで、この内なる存在に同調するために、一日三回、必ず浄化と純化を願ってから静かにすわっているようにと、私に命じた。この命令がなければ、私は静かな時間を持とうとはしなかっただろう。特に、フリート街のオフィスでは、そんなことは考えられもしなかった。私の人間的な面はこのことに抵抗し、声など聞きたくなかったので、きっと、私はそれまで通りの活動を続けていたに違いなかった。「でも、なぜ私なの?」と私は思った。「どうして私は普通の人生を送れないの?」おそらく、この時期のすばらしい喜びと愛が、苦しいまでに私の自己イメージの貧しさをあぶり出していたのだろう。しかし、まばゆいほどの神そのものの自己の存在によって、私は変身していった。そして柔和になり、広がり、神を敬い、そして美しくなった。ほとんどの場合、私は個別の忠告を求めることはなく、何がやってくるか知らずに、内なる存在に同調した。当然、個人的な問題についてたずね、答えをもらうこともできたが、普通は愛について、さまざまなメッセージを受け取っていた。時には良く知っている考え方が示されることもあり、知っているように思えるけれど、私には目新しい考え方が示されることもあった。もちろん、すべては私自身の理解の網の目にこされる必要があった。時には、内なる「声」は、私がそれまで聞いたことがない事を、言ってくることもあった。

今朝、あなたが書いているページに日の光が射し、また長いちらちらした影を落としています。人の行なう事の大部分は長い影を落とし、プラトン神話の中にあるように、人はこうした影を現実だと信じて、日々、その中に新しい命を注入しています。人が影を信じるのを拒んだ時、光と闇の差は薄れてゆき、次第に光の中へとまぎれてゆきます。あなたはそれでも対照の世界を持っていますが、その対照は白黒ではなく色のそれであり、重さによって生まれる闇の中ではなく、変化の中のそれです。光の幅はとてつもなく広大になり、ものの表面は光を反射するだけでなく、内からの光を放射するようになります。表面そのものも静止してはいません。これは動いている絵であり、芸術家が今ある画材でこれを描くことはできません。芸術家は生きることで芸術家となり、そのキャンバスは宇宙と同じ大きさになるのです。

あるメッセージは、メッセージを受け取るプロセスについて語っていた。たとえば、私は次のようにいわれたことがあった。

「こうした言葉は、とても精妙にあなたの心に刻みつけられます。それはまるで、その言葉を私の心とつないでいる細い糸が、ほんの少し揺れただけで溶けてしまうほど、微妙なのです。ですから、静かな時を持ちなさい。沈黙の時を作るようにしなければなりません」

私はよく、あたかも宇宙を旅するかのように、旅に連れてゆかれた。

平和の力！　平和の力！　しっかりと根づき、周囲に飛びかっている苦しみの動きに煩《わずら》わされない平和ほど強力なものが、他にあるだろうか？

さらにそのもっと深い所では、あなたは嵐に気づかずに、私の平和をあなたの上に降るやさしい雨のように感じる。さらにもっと深くゆけば、木の葉のそよぎさえ、聞こえはしない。それはあたかも、世界が石に変わって、さらに深い静けさを待ち、期待しているかのようだ。しかし、もっと先にゆけば、石の如き世界は消え、再び動きが現れる。それは最も軽く快活で微妙なものの混合であり、かすかな音、かすかな色彩などである。そしてすべては、その破られることのない静寂の中に含まれている。

すると、その動きは止み、私たちは形のない世界へと入ってゆく。そこには、すべての他の世界の種子と潜在力が眠っている。この地をあなたは感ずることも見ることも聞くこともできない。しかし、その統制された波動の中に、愛の大きくて強烈な力が存在していることを知っている。その愛は表現されたいと待ち望み、今までにない平和の中で私の手に抱かれて待っているのだ。これは極めて繊細な世界であり、そこに入ることは、何者にも降服せず、すべてに降伏し、愛に満ちた水の中にすべり込み、何かわからないクモの巣のようなものに身をまかせることである。そして身をゆだねたまま、神の深い愛から発する力へと、運ばれてゆくのだ。

そこで議論されるテーマに、私はいつもびっくりした。愛についてだけでなく、色彩、バラ、ダマスク織り、忍耐、そしてセックスについての小論文まであったからだ。

> セックスを通して私が成し遂げることを考えてみなさい。セックスは魂を地球に連れてくるためのものです。地上での生活はあなた方の成長にとって、とても大切です。ここは私の試験場であり、私へと戻ってくるためのエスカレーターなのです。そして、この聖なる特権を可能にする行為は、私にとって限りない美の行為です。創造の行為なくして、何者も存在しません。そしておそらく、限界のある心がセックスを他の何よりもおとしめてきたのは、そのせいでしょう。それにもかかわらず、まだその美しさを感じる人もいますが、偏見の山が美しさを感じる人々を締《し》めつけ、若い人々に同じ偏見を学ぶように教えているのを見るのは、つらいものです。セックスの行為は私を敬う最高のものとみなされるべきであって、あらゆるものの中で最も汚れたものとみなされるべきではありません。

また、理性の力に気づかせるための、非常に鋭い教えもあった。私が非常に理性を重んじるタイプであり、いつもの理性的な考えから抜け出す必要があったからだ。

細部に分別し、分析し、批判し、理論化する理性は、ガンのようなものです。成長と生命力をコントロールすることはできません。
でも、世界の理性が歪《ゆが》んでいるからと言って、理性が役に立たないわけではありません。私の生命力をその源にすれば、宇宙と星の動きから、砂粒の精密な構造に至るまで、すべての頭の毛が一本一本、数えられ、運命づけられ、計画され、色づけられるほどに完全に、そして見事に統制する理性を、あなたは手にするのです。

時には、これ以上ないほどに親密でやさしさに溢《あふ》れた愛を体験することもあった。

もっと、近くに、もっとそばに、そっとしのび足でいらっしゃい。ねずみが私の上に這《は》い上るように静かにいらっしゃい。誰の邪魔もしないように、ほこり一つたてないように、ゆっくりとあなたを私の方に引き寄せさせて下さい。私にもっと近よっていらっしゃい。目にも見えず、何も悪いことを聞かず、見ず、話さずにいらっしゃい。純粋なものだけが、私に近づくことができるのです。そして、いかなる不純のさざ波にも、あなたをつまずかせたくありません。
あなたの心の動きで、もっともっと近づきなさい。あなたの心に、私へと広がり、私たちの間にある空間に橋をかけるようにさせなさい。そうすれば、宇宙を抱きしめるほどに大きな、一つの流れる心があるだけになります。私の心の一部、私の血の一部になりなさい。私の子供よ……。

メッセージのほとんどは「私の子供」という言葉を含んでいたが、この言葉は私たちのグループで使われていた慣用句だった。神はその大きさと全知の存在としては父であったが、「彼」であり「彼女」であり「それ」である神は、ずっとずっと身近で愛に満ちており、時と共にそれは強まっていった。外へ向けた行動と他人の意見に逃げ込む私の傾向を正すために、内なる声を選びなさいと、私は常に言われていた。

内なる声はやわらかくて愛に満ち、信じられないほどのやさしさを持っています。外の声は荒々しく耳ざわりです。内なる声はあなたやすべての物への愛に溢《あふ》れています。外の声は本当でない自分、本当でない価値、人の神性を低める事柄に関することばかりです。内なる声は一つだけの目的を持って語ります。外の声は自分が何を求めているのか知りません。まずあれを、次にそれをと求め、そのすべては人の尊厳を損ないます。内なる声は魂を完全へと誘います。外の声は盲目的に破滅へと導きます。内なる声は美について語ります。外の声は冷たく事実について叫びたてます。内なる声は大切に育てるべき核としての真実を持っています。外の声はすべての偽《いつわ》りを膨張させる鋳型へと真実をねじ曲げます。内なる声はすべての人々の運命に関心を持っています。外の声は一人の人の出世にしか、関心を持っていません。

内なる声に注目せよというこのメッセージは、内なる普遍的な世界の現実は、創造のための行動の源であることを、さらに明確にしてくれた。そして私は、学びのプロセスの欠くべからざる一部分として、外側の世界を見られるようになった。

内なる声はさまざまな物の本質を体験するよう、私を導いてくれた。たとえば、青い色の本質は何だろうか？　夕暮の色なのか、それとも平和の色なのだろうか？　といったことだった。内なる声はまた、平和以外のものへの旅にも、私を連れて行ってくれた。そしてそのすべての中心には神が存在していた。神はすべての本質だからだった。私は自分自身の本質と個性、そしてもはや私自身とは言えないその無限の広がりにも出会った。こうした内なる認識を得ると、私は深まり、広がってゆき、私の生活は測り知れないほどに豊かになった。それは神の、「**愛する子よ、私はあなたをもっと深く愛へと導いてゆきます。すべての魂に対して行なっているように、私はそれを私の方法で、完全な方法で行ないます**」という言葉通りだった。

今、こうしたメッセージを読むと、その限界もわかる。しかし、それがより高いものとより低いものに分かれていた私の二重性に、気づかせてくれたことも良くわかる。でもそれもまた、プロセスの一部なのだ。私たちは絶えず、自分自身のどの部分と同一化するか、太陽に顔を向けて自分の影を背後に落とす決心をするかどうか、迫られる時期に達するのだ。内なる呼びかけを選ぶことによって、私はバラバラな自分を捨てて、私の全体、聖なる閃《ひらめ》きである自分自身の方向に向かわなければならなかった。私は所有しない愛を体現することを選択し、離婚してその選択を実現することによって、それを行なってきた。しかし、自分の中心にい続けることは、ほとんど不可能に思われた。自分の中心の近くにいる時は、何事もうまくいった。しかし知らない内に私はそこから離れてしまうのだった。たとえば、十時間、神のことを思わずにいたことに気がつくと、私は自分を責めて罪悪感を感じた。でもどんなに遠く長く私が離れていようと、内なる存在と触れ合いさえすれば、それはすぐに隔《へだ》たりを埋め、私を満たしてくれた。そして私は浮かび上がり、元気になり、新しく生まれ変わり、清らかになるのだった。「**まず私を求めなさい。そうすれば他のすべては加えられてゆくであろう**」という、何回もくり返された言葉によって、私は次第に計画を立てずに生きるようになった。

こうしたメッセージは、シーナにとってもとても大きな意味を持っていた。彼女はアイリーンが受け取るメッセージと同じように、私のメッセージを大切にした。アイリーンの内なる存在との触れ合いは私のものと同じではあるが、しかも異なったメッセージをもたらしていた。彼女はほとんど電話の言葉のような、はっきりとした声を聞いていた。シーナはある時、アイリーンのは「パンとバター」で、私のものは「デザート」だと言い、私は既存のキリスト教に欠けている「喜び」という要素をつけ加えている、と説明した。

私は精霊の高い意識と、深く根ざした鈍さや無器用さや限界などの私の感覚の間にある溝に気づいていたが、全体としてはこれはすばらしい成長の時期だった。しかしついに、神の意志にそって生きるためには、フリート街でのぬるま湯のようなやさしい仕事は止めるべきだ、とシーナが提案した時、私は喜んでそうすることにした。

でも、何が神の意志なのだろうか？　どうすれば、それを生きられるのだろうか？　私たちは常に内なる神に意識的に同調するように努力し、その導きに従って生活しようとした。しかし、その後の混乱した時期の中で、私はいわゆる霊的ではない人々の方が、私よりもずっと神に同調していることに気がついた。シーナは私に、奉仕の仕事をするようにと言った。これが召使いになることだとわかった時、私はショックを受けたが素直に受け入れた。

私はハンプシャーコーストの養老院で、台所の下働きの仕事を得た。ここで私は多くのことを学び、私のプライドはたとえばチップを受け取る時などに、何回もへし折られたのだった。私の仕事の一つは、老人のために朝食のお盆を並べる仕事だった。私の上にいるメイドで、ほとんど字の読めないアイルランド人の女性が、私を指導した。彼女は勘《かん》でお盆を並べていたので、言葉で私を指導することができなかった。試行錯誤でやるしかなかった私は、間違えてばかりいた。彼女が私のことをものすごく馬鹿だと思っていることが、私には良くわかった。私の大学の学位も片なしだった。

この養老院には緑色のラシャ布を張ったドアがあったが、召使いは事務局に命じられた時以外は、このドアの向こうに足を踏み入れることはできなかった。階級の壁は主人よりも、むしろ、召使いによって維持されているようだったが、このドアを誰かを助けるために越えるなどということは、聞いたこともない越権行為だった。私は文字通り、この厳しい障壁を乗り越えて、患者を癒《いや》そうとしたり、こわれかけた古い家の一室にペンキを塗ったりして、結果的にはまわりのみんなを幸せな気持ちにして、そこを後にした。

次に私はカーコーディにあるスコットランド教会の牧師の家で、女中として、みじめな失敗を経験した。私は傲慢《ごうまん》にも、キリスト教に対する私の理解を、牧師が深めてくれるだろうと期待していたのだ。私は生活資金を稼ぐために、ロンドンに逃げ帰って、臨時雇いの秘書となった。次にチチェスターの近くにある女学校の寄宿舎に、寮母として住み込むことができた。私は女学校についてまったく無知だったので、この仕事にはまったく向いていなかった。傷口に塗る前にライゾールを薄めなければならないことも知らなければ、おたふくかぜの疑いがある子供は、クラスに行かせない方がいいことも、全然知らなかったのだ。それにもかかわらず、もう一学期勤めてみないかと誘われたが、それは寮母としてではなく、秘書としてだった。たぶん、みんなは私の保健室でのおかしなやり方を楽しんでいたのだろう。

こうしたおかしな出来事の間も、私の人生はシーナとピーターとアイリーン、そして他のシーナの追従者たちの人生と絡《から》み合って進んでいった。シーナには彼女の問題とプレッシャーがあった。彼女が誰にもできるはずのない役割、つまり世界を変えるという不可能な使命を自分に課してからは、その問題とプレッシャーは次第に我慢できないものになっていった。私たちが持っている権利は、自分自身と自分の世界を変えることだけなのだ。世界を変えられなかったために、シーナは意地悪で人に強制的になっていったのだと思う。でも、私にとっての彼女はこれからもずっと、あの踊りまくる鹿であり続けるだろう。彼女に励まされて、私は最も貴重な宝物、彼女があれほどの熱意で仕えようとした内なる神に、出会うことができたのだった。私の次の人生への基礎も、ピーターとアイリーンのそれも、彼女によって築かれたのだ。彼女の神と人間への愛、ビジョン、完全主義、献身、そして、彼女が私たちに与えたさまざまな学びのたまものだった。そして最後に、彼女とたもとを分かって、自分たちの内なる神性を第一とすることができた私たちの強さも、そのための重要な礎石だった。

しかし、そうなる前に、私たちは実にひどい時期を経験しなければならなかった。それはシーナの弟子の一人が、シーナと一緒にいるために、妻と子と義理の母、そして仕事までも捨てた時に始まった。義理の母親は怒り狂って新聞社に訴え出て、娘の夫が女の宗教指導者に盗まれたという、でたらめの物語を述べたてた。スコットランドの陰うつでニュースの少ない一月には、この話は願ってもない新聞種だった。私たちには名前も組織もなかったので、ある頭の切れる記者が、「名もなき人々」という呼び名を考え出した。記者たちはスコットランド中、私たちを追いまわし、でっちあげの物語はどんどん大きくなった。あるひどい月には、「名もなき人々」の虚実ごちゃまぜの活動状況が、大部分のスコットランドの新聞で、一面のニュースになるほどに、内実とかけ離れて報道されるようになった。私たちは本当に追いかけまわされていた。夜中の三時に記者に窓を叩《たた》かれて目が覚めたこともあれば、他の日には、二十人もの記者がそれぞれ違う新聞を手にして、朝食の間のインタビューを待っていたこともあった。

最初、私たちは自由に何でも話していた。新聞がきっと、新しい生き方を、それを待ち望んでいる人々に明らかにしてくれるだろうと思ったからだ。しかし、事実が彼らの扇情的な価値観によって歪《ゆが》められ、女「キリスト」と嘲笑的に呼ばれていると知ってからは、話すのを止めてしまった。つらい時期だった。私たちはすでに持っていたものをすべて失うか売るかしてしまっていて、お金もなかった。そして今、仕事も名誉も失い、一人の友人も残っていなかった。自分たちの理想さえもわからなくなってしまったようだった。私たちは物笑いの種になったのだ。この事件で、自分は霊的な生活を選んだわけではなく、そこに蹴《け》り出されたのだという私の思いを、再確認することができた。私は何もかもにうんざりだった。記者の一人が「君はこの人たちと一緒にいるべきではない」と言って、そこから逃げてロンドンへ行くために五ポンドめぐんでくれた時、私はそれをとっさに受け取っていた。もうこんな妙な生活にあきあきし、人の目にさらされるのも嫌だった。結局、私は英国を離れて新しい出発をするために、カナダに戻る決心をした。

まず、シーナに私の決心を話すくらいの礼儀は尽すべきだと、私は考えた。そして、彼女を探しにスコットランドの島へと向かった。ちょうどクリスマスの日で、ほとんどの人たちは家族や友人と幸せに楽しく過ごしているのに、私は霜と氷におおわれた風の吹きすさぶ道を、全財産の二つのスーツケースを持ち、完全に希望を絶たれたように感じながら、歩いていった。オーバンまでヒッチハイクをしようとしたが駄目だった。やっと、トラックの運転手が拾ってくれたが、その巨大な車の騒音とすきま風は、私のひどくみじめな気分を倍加させた。私はフェリーに乗り遅れてしまった。何もかも、うまくゆかなかった。マル島に絶望的な気持ちでたどり着くと、ちょうどピーターとアイリーンがグラスゴーに向けて発つところだった。シーナがやって来た。そして、アイオナ島を見晴すマル島の人里離れた崖の上の、彼女が借りた二部屋の小屋にいる間に、彼女は私に決心を考え直すよう、説得することに成功したのだった。

小屋の外側に、給水ポンプがあった。中側にはキャンプ用のベッドが一つと、箱が一つあるだけだった。便所は岩とヒースの野原で、やかんをかける鉤手《かぎて》つきの暖炉は、燃料が手に入った時は、台所用のコンロと暖房を兼ねていた。そして食器は、すてきなロッキンガムの皿が六枚だけだった。冬の強風と雨は激しく打ちつけたが、私にはそれが楽しかった。私はどんな天気も風も大好きだった。周囲の風景は荒々しく美しく、一人でいるのは少しもこわくなかった。お金はほとんどなかったが、私は素朴で親切な隣人と友だちになった。彼は私に食料と燃料(ピート)を運んできてくれた。それは彼が両親から秘密で取って来たものだった。そして私はいつものように、壁を塗って時間をすごした。

離婚したあとの時と同じように、私は自由だった。しかしこの時の体験は、良いものではなかった。私の人生に意味と目的を与えていたものは、すべてバラバラになってしまっていた。霊的な修業も無駄だったように思えた。神からさえ、見放されたように感じた。なぜ私はこんなことをやっているのだろう？　なぜ、未だに私たちは新聞記者に追われているのだろうか？

数カ月後、いくらか心の平安を得た頃、私はもう逃げ出せないこと、そして私の次のステップはグラスゴーにいるピーターとアイリーンと彼らの二人の息子に合流することだ、とわかった。少なくとも、もう何もかもどうなってもいいという程の絶望に、どうすれば人は陥ることができるのか、少しは理解して、私はグラスゴーに着いた。ピーターとアイリーンも、同じように沈んだ状態だった。私は臨時の秘書の仕事を見つけた。ピーターはブラシを売り歩いていて、私たちは非常に貧しい暮しをしていた。毎週のごちそうは、土曜の夜のフィッシュアンドチップスだった。やっとピーターがスコットランド北部の大きなホテルのマネージャーに応募して採用された時、私は内なる声によって、私もそこに行くということを、知ったのだった。

次の六年間は地固めと準備のための、落着いた期間となった。夏の間だけ開業するビクトリア調の大きな建物を持つクルーニーヒルホテルで、私は秘書兼受付として働いた。ホテルの裏側を見るのも、一つの屋根の下で一緒に働き、生活しているグループを体験するのも、おもしろかった。例の新聞騒ぎの影を引きずっていたので、私たちは霊的な事柄については口を閉ざしていたが、内なる導きによって、ホテル運営の基本は伝えられた。一つ、良い例を紹介しよう。

夕食の直後に、急に二百人の客が来ることになった。料理長は酔払っていて使いものにならなかった。

アルコールは多くのスタッフにとって、ストレスの逃げ道になっていたのだ。どうすればいいのだろうか？　導き（ガイダンス）が求められ、アイリーンは次のような指示を受け取った。「彼にもう一杯飲ませなさい」ピーターが言われた通りにすると、料理長は正気に戻って、見事にその状況を切り抜けたのだった。ガイダンスは、ほとんどの場合、普通の考え方とは違っていたが、必ずうまくいくのだった。

次第に、ホテルはそれまでのやっかい者の地位から、人気のある収益が上る事業へと変わっていった。また、私たちにとっては、人々とのつき合い方や、食事や娯楽などの肉体的な快楽の大切さを学び、スタッフの間にグループ意識を育てる良いチャンスだった。私はひどい状態になっていた建物の一部を修理する仕事に取りかかった。噂《うわさ》好きの人々の予言に反して、手に負えないはずのホテル従業員は、部屋を清潔に保つことによって、私たちの努力に応えてくれた。平和な冬の間は、ずっと手入れがされていなかったホテルの外側の手入れをしてすごした。

私たちは霊的な存在との交信を続け、また、いくつかの地域とテレパシーによるつながりを作り上げた。その内の一つは、「光のネットワーク」と私たちが呼んでいたもので、これは精霊と交信している、世界各地のセンターから成っていた。私たちは宇宙存在ともコンタクトした。私たちは自分の波動をあげ、一方、彼らがその波動を下げることによって、特別の着陸地点で肉体的なコンタクトを試したことさえあった。原子力を使って人が地球を吹き飛ばした場合には、救援活動が必要になるかもしれないと思って、こうした事を行なったのだった。宇宙の友人から危機は去ったと告げられて、私たちはすぐにこうした活動を中止した。私たちは知らなかったが、当時、世界中で、他の惑星や星からの存在とのコンタクトが、数多く起こっていたのだった。

私たちはある時点で師が不要になる、というシーナの教えは、本当になった。今の私たちの仕事はホテルであると、私たちは自分の内で知っていた。そして、ホテルの経営者は、私たちがシーナと再び関係を持つならば、仕事を辞《や》めてもらうと言っていた。そして、一緒にいさせて欲しい、又は一緒にどこかへ行こう、というシーナの頼みを、私たちは拒否したのだった。この一件は私たちの関係に終止符を打ち、その後数年間、私たちが彼女を見かけることはなかった。数年後、残念なことに、彼女に対する私たちの表面的な拒絶を誤解したままで、彼女は亡くなったのだった。

その後、私たちはトローサックスホテルに移り、クルーニーヒルホテルと同じ方法でそこを再建しようと努力したが、失敗に終った。私たちが成功しなかったことが、ホテルの経営者が突然、何一つ理由も説明せずに、四時間以内にホテルを立ち退くように私たちに命じた理由かもしれない（私としては、彼女はホテル運営で神と競争し、いつも自分が誤っていることが証明されるのに、うんざりしたせいだと思う）。私たちは急いで荷物を作り、キャディの三人の息子を学校に迎えに行ったあと、唯一つ、私たちに残されていた避難所である、フィンドホーン村の近くに置いてあった、キャディのトレーラーハウスへと向かったのだった。

第4章　フィンドホーン、そして天使とのコンタクト

命を知ることができる者にとって、
すべては意味を持っています。
目を開いている者にとっては
すべてのものはあるべき場所にあります。

運命が私たちを引きよせた場所は、絶対に私たちが選んだ場所ではなかった。フィンドホーン湾のトレーラーパークは、特にホテルの豪華な生活のあとでは、ものすごく汚く思えた。このトレーラーパークは、観光客を呼ぶためではなく、利便性のために作られたことは明らかだった。昔の世界大戦の滑走路はすでに近くのキンロス空軍基地によって、利用されておらず、トレーラーを並べるにはもってこいの場所だった。ここの住民は主として、住居が決まるのを待っているか、海外赴任を控えた軍の職員たちだった。運良く、私たちのトレーラーはパークの隅の、砂利とハリエニシダとエニシダのくぼ地に置かれていた。

私たちのすぐ目の前には、近くの山と海に至るまで、何キロもの平らな土地が広がっていた。一目見た時の荒涼とした印象がすぎ去ると、すばらしい美しさが見えてきた。空はいつも私と共にあった。風は音もなく瞬間的に絶えず雲をさまざまな形に変え、日没は見たこともないほどにすばらしかったので、私たちは空を見上げてばかりいた。その空にはキンロス・ギャップと呼ばれる奇妙な雲の切れ目があった。これは非常に目立つ現象だったので、その異常な青空を利用するために、第二次世界大戦中、英空軍はここに爆撃司令基地を建設したほどだった。曇りがちのイギリスにあって、キンロスはしばしば、唯一つの晴れた着陸地点だった。何回も、私たちはこの現象に気がついては、雲の切れ間から射し込む日の光を楽しんだ。

湾に沿って一・五キロほど海に向かって行った所に、フィンドホーン村があった。ここはこの名前で呼ばれる三番目の村で、他の二つは時間と砂の移動の中に、消えてしまった。この村は漁村として発達し、北スコットランドと北東ヨーロッパの間の交易が盛んだった時代には、フォレス郡の貿易港として栄えたこともあった。鉄道が八キロ向こうのフォレスの町まで通じていたが、ずっと以前に廃線となっていた。屋根の低い家が固まって建っていて、どの家も、強い風を防ぐために窓は小さかった。風は本当に強かった。それがまさにフィンドホーンの目立った特徴の一つだった。雨量はそれほど多くなく、年間六六〇ミリほどなのに、こうした小さな家々の内側の壁は、一年中湿気で濡《ぬ》れていた。絵のように美しくはあっても、私たちにとっては落ちぶれた場所であったこの村は、年老いた漁民（英空軍が仕事を与えなかった人々）が亡くなり、彼らの家がインバネスやアバディーンの金持ちのための夏の住居に変えられてゆくと共に、急速に観光の中心地へと育っていった。

フィンドホーン湾は干満の差が大きく、そのために常に変化し、いくつもの魔法のような瞬間を見せてくれた。その一つは、濡れた砂の上を沈みゆく太陽に向かって、まっすぐに歩いて行く時だった。砂は華麗な秋の夕日の豊かな色彩すべてを反射してずっと続き、最後には自分もそこに溶けてしまうような感じがした。もう一つのすばらしい情景は、めったにない冬の霜が襲う時に起こった。潮の満ち干が水を動かし、絶え間なく氷らせ、運び、砂とまぜて、小さな入り江や岩の上にそれを置き去りにした。そして潮が救いに来ても、それをもっと大きな霜へと変えるだけだった。どの霜も、天空の気に満ちた完全な自然の形をしていた。湾を一歩歩くごとに、新たな純白の驚異が私たちの目に飛び込んで来た。

それは見たこともない芸術であり、もう一つの美の一面であり、その下にさらにもう一つの美しさを見せてくれる透明の美しさだった。

モーレイ湾は私たちの所から一・五キロ、エニシダとヒースの荒れ野と、月の表面に似た荒涼たる砂丘を越えて行った所にあった。砂浜そのものは何もなく、フィンドホーン村から十四キロ先のバーグヘッドの小さな町まで続いていた。こうした昔からの場所には、そこにしかない個性があるものだ。バーグヘッドにはローマの遺跡があって、ローマ人が確かにこの土地に陸地からではなく、海から到達したということを証明していた。また、この目だたない植民地には、ここにだけある独特なお祭りもあった。一月の終わり頃、通りをパレードした後でクラビーと呼ばれる荷かごを燃やして、旧正月を祝うのだ。私は、イギリス中に残っている過去の遺物に驚いていた。私が生まれたカナダでは、土着の人々は周囲とうまくまざり合っていて、最近やってきたヨーロッパ人やアメリカ人の先祖の風習以外には、ほとんど過去の痕跡はないからだった。

フィンドホーン湾に注ぎ込むフィンドホーン川には、複雑な花崗岩の岩肌や、コーヒー色をした激しい流れと巨大なブナの木などの、すばらしく美しい風景が続いていた。この川は鮭のあがる川で、岸辺での釣に加えて、河口とフィンドホーン湾で網で捕獲していた。他のイギリスの川と同様に、フィンドホーン川もたくさんの地主によって所有されていた。所有者は自分が持っている部分を、できるかぎり美しく保ち、魚をたくさん増やす責任を果しているので、この制度は今のところうまく行っているようだ。

この地域には崩れかけた城がいくつかあった。私たちはマクベス郡に住んでいたので、伝説とはね橋と堀があって、完全なままのコーダー城はすぐ近くだった。また、魔女がいたと言われている場所もいくつかあった。フォレスにも、魔女の石と呼ばれているものがあった。クルーニーヒルから樽に入れられて転げ落とされ、そこに埋められたという最後の魔女の遺骨の上に置かれた石だった。きっと、その魔女は心臓を棒で貫かれていたのだろう。また、スエノ石と呼ばれる巨大な石もあった。この石に彫られている風化したルーン文字は、考古学者の関心の的であったが、その歴史はまだわかっていない。こうした豊かな過去の遺跡の中に、とても実際的で礼儀正しいスコットランド人の住む小さな町が散らばっていた。

この地域に、豊かな農地があるとは、私は思ってもいなかった。スコットランド北部は豪族が治める荒れた土地と高地だけだというロマンテックなイメージを、私は持っていた。しかし実際は、モーレイ低地は昔から有名な穀倉地帯であり、現在でもエーカー当りの高収量を誇っていた。昔の教会が数多くあるのは、当時の豊かさを示していると思われる。そしてこの低地には、古い大聖堂や修道院、僧院や尼僧院が数多く点在していた。実際、このあたりは昔から、霊的にも物質的にも豊かな土地であったのだ。そして今でもまだ、昔ながらの大地主が所有する美しい庭園のある広大な土地が存在していた。それでも私たちがここにやって来た時には、湾の向こう側にあるイギリス唯一つの砂漠の最後まで残されていた部分が、植林によって征服されつつあった。その砂漠それ自体も、二、三百年前までは豊かな農地だった。言い伝えによると、魂を悪魔に売った領主をこらしめるために、強風によって一夜の内に、何百エーカーという豊かな農地と多くの家々が、砂に埋められてしまったのだという。今日では、カルビン砂漠はカルビンの森となってしまった。

私たちの現実は、それよりもずっと砂漠に似ていた。キャディ家の五人でトレーラーの狭い二つの部屋は一杯だったので、私は村のホテルの主人の好意で、トレーラーから二キロ近く離れた冬の間は休業しているホテルで、使用人用の部屋に眠らせてもらうことになった。毎日、私は砂丘を越えてキャディ一家と日中をすごしに行った。六週間もの間零下の気温が続いた特別に寒かった冬には、電気毛布のスイッチを入れに、私は毎日午後遅くなると、自分の部屋に戻らなければならなかった。さもないと、暖房のない部屋では、体が暖まって眠れるようになるまでに、何時間もかかるのだった。キャディ一家と夜を過ごす前のこの余分な往復は、面倒ではあったが、丘や砂丘に曲がりくねってついている動物や人の足跡を辿《たど》って歩くのは、私にとって、この時期で一番すばらしい時間だった。

それは私たち全員にとって、奇妙な情況だった。三人の中年の行動的な大人が、良くわからない理由でいつも一緒にいたのだ。私たちは仕事を得ようと努力したが成功せず、失業していた。このこと自体が奇妙なことだった。ピーターも私も資格を持っていて、それまで仕事を見つける時に、苦労したことがなかった。私たちは地獄も天国も一緒に通り抜けて来たとは言え、個人的な理由でここにいるわけではなかった。最初、みんな、ここにはその冬だけ居ればよく、復活祭にホテルが再開する時には、ホテルに戻れると確信していた。こうした情況に私たちを引き止めていたのは、私たちの内なる導きが大丈夫だと言っていたからだけだった。

最初の二カ月は、私たちはトレーラーを修理してすごした。すべてを愛をこめて神の栄光のために、できる限り完全に行ないなさいというシーナの教えに従って、私たちはトレーラーの内側と外側の表面から、すべてのでこぼこをやすりでこすり取り、申し分のない結果を達成した。いずれにしろ、時間は十分にあったので、いい加減な仕事をしなくてもすんだのだ。また、移動図書館があって、私たちはそこで本を手にすることができた。私は自伝と殺人小説を読み、ピーターは主として園芸の本を読んでいた。彼はいつも自分の菜園を始めたいと思っていたのに、実際に園芸をするチャンスはほとんどなかった。私たちは人からも物からも非常に孤立していた。外側の世界との唯一の接触は、毎週ピーターと私が失業保険を受け取るために、近くのフォレスの町へ行く時だけだった。テレビやニュースの放送で世界の出来事は知るようにしていたが、私たちの主たる関心は人間の意識を変えることであり、そのことについて、ニュースはほとんど何も伝えはしなかった。いずれにせよ、意識を変えることは個人個人の仕事なのだ。私たちはそのために、できる限りの努力をした。

私たちの内的な仕事は、時期によって異なった目標を持っていた。フィンドホーンに移ったばかりの頃は、春から私たちと共に生活するようになった同じ志を持った友人、レナと共に、私たちは「光のネットワーク」とテレパシーで交信するために、多くの時間をすごした。簡単に説明すると、このネットワークは精妙なレベルでの通信網のようなもので、世界をたくさんの三角形でつなげていた。霊的な仕事に献身する人々のグループによって動いている「支局」は、世界中のほとんどの国に存在していた。このネットワークは私たちのアメリカ人の友人によって、テレパシーを使って描き出されていた。そして私たち自身もそれとテレパシーでつながっており、時には他のグループからテレパシーを受け取り、時には彼らに向けて送り出した。すべては愛によって全体とつながっていた。

また、私たちは一部のグループで「七つの光線のマスター」として知られている存在とも、テレパシーによる交信を行なった。基本的には、こうしたマスターたちは高度に進化した人間であり、人類を助ける責任を引き受けた人々だった。こうした存在に集中して彼らの活動に同調すると、それぞれのマスターごとにまったく異なったエネルギーを感じたものだった。私はこうした精妙な波動に同調し、それを識別する能力を発達させつつあった。

復活祭が来ても、ピーターにはホテルの運営を任せるという知らせは届かなかった。もう一年、ここに居続けることになりそうだったので、私は町の建築業者に私の住居にする別棟を注文した。また、食料を補うためと、トレーラーの横に菜園を持ちたいという希望を満たすために、ピーターは幅二メートル、長さ三・五メートルの小さな土地を耕し始め、そこにすぐに出来るラディッシュとレタスを作った。いくらたっても仕事は見つからず、その間に彼はトレーラーの周囲の土地を耕し続けた。エニシダと荒れ地の草しかはえない砂丘では、この仕事は簡単でなかった。砂の下には菜園には適さない小さな石が層をなしていた。ピーターが表面の土を取り除くと、次にアイリーンと私が時には子供たちにも手伝ってもらって、三〇センチほどの小石の層を取り除いた。そしてピーターがその穴に表面の土を上下逆にして入れ戻すと、私たちはその時に手元にあるたい肥と混ぜた砂を、シャベルで埋め戻すのだった。それからやっと、ピーターは野菜を植えたり、種をまいたりした。彼が読んだたくさんの園芸の本は、役に立つこともあれば、立たないこともあった。一つの本ではある方法を良しとし、次の本は別のやり方を推せんしていた。そして、どの本も北スコットランドの砂丘にある菜園のためには、何も書いてなかった。私たちの毎日は菜園が中心になり始めた。すべてのものに愛を注ぎ込むようにと教えられた通りに愛情をこめ、完璧を旨《むね》として、私たちは畑仕事に励んだ。つらい肉体労働であり、時には退屈なこともあったが、外にいられるだけで、私にとってその仕事は楽しかった。

五月初めに瞑想をしている時に、私は興味深い今までにない指示を、内なる存在から受け取った。

命を知ることができる者にとって、すべては意味を持っています。たとえば、風が絶えまなく吹くことの裏には、それがもたらすどんな不快な結果にもかかわらず、霊的な意味があります。

自然の力とは、あなた方が深く感じようとすべきもの、求めて手を差し伸べるべきものです。……私の自由の子としてのあなたの仕事の一つは、風などの自然の力を深く感じること、そして、その本質と私のための目的を認識すること、そしてさらに、その本質と積極的に調和するということです。これは、今あなたが思っているほど難しいことではありません。なぜなら、力の存在は友好的なパワーを感じとって、喜ぶからです。太陽、月、海、木、そして草など、すべての力を深く感じることが必要です。

私はこの提案を心の底から受け入れた。散歩をしたり太陽の下で寝ころがって時間をすごすための、良い口実だと思ったからだった。自然の中に一人でいるのが、私にとって一番心地良いことだった。できる限り肌を露出して太陽の下で横になっているのは、感覚的な喜びはもちろんのこと、霊的な体験とさえ言えた。そんな時は、あたかも何かの全体を吸収しているかのように、気持ちの良い無我の境地に浸っていた。パナマで熱帯の太陽にさらされていても、それは私を癒《いや》してくれた。しかし、このガイダンスをピーターに見せると、彼は菜園に関する情報を彼に与えるために、私は自然の力を深く感じるべきなのだ、と解釈した。次の朝、私は次のようなメッセージを受け取った。

そうです。あなたは菜園で協力することができます。自然霊、つまり高次の光を投げかけている自然霊について考えることから始め、そして、それと同調しなさい。ここで彼らの関心を引くのは、非常に珍しいことです。彼らは人間が自分たちの助言を得たいと願っているのを知って、大喜びするでしょう。これは最初の第一歩です。

高次の自然霊とは、雲、雨、野菜など、異なる形をしたものの霊を意味しています。より小さな個々の霊は、彼らの管轄下にあります。来たるべき新しい時代には、こうした事実が人間に知らされるでしょう、と言うかむしろ、人間が彼らに心を開くようになるでしょう。ただ心を開き、すばらしい自然の世界を共感と理解をもって探求しなさい。そしてこうした存在は光そのものであり、人間を助けたいと願ってはいるものの、あなた方を疑っていて、過《あやま》ちを見張っているということを知りなさい。私と共にいなさい。そうすれば、彼らが誤りを発見することはないでしょう。そして、あなた方はみんなで新しい世界を作ってゆくのです。

私は胃が重くなるように感じた。自分が完全に無力だと感じていた。私が何も知らない相手と、どうすれば同調できるのだろうか？　彼らは童話の中の妖精でも、神話に出てくる怪物でもないようだった。ともかく、私は自分が何か幻想に囚《とら》われているのではないかと怖《おそ》れていた。私は立ちすくみ、でも、体験から、いつまでも内なる指針を無視するわけにはゆかないことは知っていた。私はこうした不信感や疑問で一杯だったのに、ピーターは何一つ、疑わなかった。肯定的思考の訓練を受けた彼の経歴は、疑うことを絶対に自分に許さなかった。アイリーンのガイダンスに何年も従うことによって、彼は自分の信念の正しさを確認していた。そして、私たちが伝えるガイダンスを、すぐに完全に信じて受け入れていた。

行動そのもののピーターは、私たちにも同じことを期待した。ガイダンスの言う通りにはできないと私が言うと、彼は一言、いつもの勇気づけてはくれるが、押しつけがましい言い方で言った。「そんな馬鹿な。もちろん、君にはできるよ」これもたぶん、私のやる気をなくさせたと思う。私はいつも命令されるよりも頼まれる方に、うまく応じたからだ。

ピーターは私たちの行動への意志をより強固なものにしたいと思って、アイリーンとレナと私に、彼が受けた訓練の一部を教えることにした。この中には、「私は力です」という言葉を何回も繰り返す実習があった。最初、私はこの実習がかなり苦手だった。強制という感じのつきまとう「力」という概念が、嫌いだったからだ。「私は愛です」という言葉をくり返す時は、良心のとがめを何も感じなかったが、「力」という言葉は、くり返せなかった。すると自分自身を分析する内に、「力」という言葉が問題なのではなく、「私」という言葉が問題であることに気がついた。私は、この私、ドロシーの無限の神のエッセンスではなく、限界のある人間としてのドロシーのことを「私」だと思っていたのだった。自分自身が何者であるか意識を変えると、私はその言葉を喜んでくり返せるようになった。この実習を再びやり始め、最初のガイダンスから数週間たったある日、「私は力です」とくり返していると、私は強力な力の流れにのみ込まれた。私は力と完全に同一化して、何でもできるように感じた。自然の背後にある本質としての精霊とも、同調できると感じた。なぜなら、神の本質としての私は、どの創造物の本質とも、一つになれるからだった。ガイダンスの中で野菜について言われ、また、ピーターが菜園に関するガイダンスを私が受け取るよう望んでいたので、私はエンドウ豆を選ぶことにした。ちょうど、私たちの菜園ではエンドウ豆が育っていた。また、子供の頃から私の良く知っている野菜だったからだ。エンドウ豆の色も形も花も味も、私ははっきりと知っていた。何よりも私はエンドウ豆を食べるのが大好きだった。エンドウ豆に対する親しみと好意をこめて、私はその本質、又は内なる霊を想像し、それに集中した。答えはびっくりするほどすぐに返って来た。

人間よ、私はあなたに話すことができます。私はすでに計画され、鋳型のできている作業計画に完全に導かれています。私はそれを実りへと持ってゆくだけです。それでも、あなたは私の意識へとまっすぐにやって来てくれました。私の仕事は明らかです。力の場をいかなる障害にも負けずに、顕現させることです。この人間が汚した世界には、たくさんの障害があります。……野菜王国は、自分たちが養っているものたちに対して、何一つ敵意をもっていません。しかし、人間は取れるだけのものを当然のこととして取って、感謝の一つも言いません。これでは私たちも敵意を感じてしまいます。

私があなたに言いたいことはこうです。私たちは、思いも気持ちも行動も、一瞬たりとも自分の道からそらさずに、ゆっくりと前へ進んでいます。ですから、あなたもそうできるはずです。人間は一般に、自分がどこへ、なぜ行こうとしているか、知らないようです。もし知っていれば、彼らはすばらしく強力になるでしょう。人間がまっすぐに進みさえすれば、私たちはもっと彼らと協力

できるのです。私は自分の思いを伝えました。この辺でさようなら。

それが何を意味するかは良くわからなかったが、自然霊と協力するという考えは、受け入れやすかった。私にとって、協力とは、お互いに関係し合うことだからであった。私がこのメッセージをタイプしてピーターに見せると、彼は、私がさまざまな野菜に質問するための、質問リストを作った。彼はいくつもの問題に直面していたからだ。

こうして、自然の背後の力との交流が、日々ひもとかれ始めた。もちろん、ピーターは植物がうまく育たない理由を自分で見つけ出そうとしたが、それでも理由が見つからず、どうして良いかわからないと、彼は私に質問を手渡した。そうすると、私はその野菜に同調して、答えを求めるのだった。一回、それができたからには、そんなことは不可能だと、言い訳するわけにはゆかなかった。実際自分自身や誰か他の人の能力の限界を信じることは、成功への最大の障害であることを、私はすでに悟っていた。ピーターを彼らの有能な道具に使って、情況は私を自然霊の世界へと強制的に向かわせ続けたのだった。

たとえば、私たちがツルナシインゲンを二カ所に播《ま》いたことがあった。最初の所は発芽せず、二番目の所はうまくゆきそうだった。ツルナシインゲンの精霊は私に、最初のものは深く播きすぎ、しかも土に十分な栄養がなかったからであり、もう一方は元気で、自分自身で成長していると告げた。ホウレンソウは、ピーターが厚く播きすぎたのではないかと質問するほど、元気に成長していた。私は次のような答えを受け取った。

もし、葉が丈夫に自然に育って欲しいのであれば、今よりももっと間隔をあけて植えることが必要です。今のままで放っておいても、全体としては、同じくらいの量の収穫が得られます。でも、少し柔かいでしょうが、生命力はそれほどありません。もちろん、私は植物が完全に育つのを見たいと思います。でも、どちらを選ぶかはあなた次第です。

この初期の段階でさえ、彼らはいかなる法則も押しつけず、人間の選択の自由はお互いの協力のために欠くことができなかった。何を質問しようと、私は何らかの答えを受け取った。時にはただ「はい」「いいえ」という時もあれば、説明のこともあった。たとえば、質問すると、いつそれぞれの植物に水をやればいいか、新しい植物をどこに植えればいいか、液体肥料が必要なものはどれかなど、教えてもらうことができた。最初の二年間、この聞いたこともない菜園のやり方に私たちが慣れるまで、ピーターは質問ばかりしていた。そして、提案されたことは、すぐに実行に移した。そうでなければ、この協力は続かなかったと思う。

これらの自然霊が何であるかについては、私はすぐに、これは一本一本の植物の霊ではなく、その種、エンドウ豆ならエンドウ豆の全体を統括している光の存在だということに気がついた。エンドウ豆の背後にいる存在は、世界中のすべてのエンドウ豆の木の元型となるデザインをその意識の中に保有しており、すべてのエンドウ豆が元気に成長するように見守っているのだった。明らかに、こうした存在は私たちの三次元の世界を越えた所で活動していた。以前からテレパシーでの交信を行なっていた私は、この概念は良く理解できた。神智学の本を少しばかり読んでいたことと、私の内からの声やこうした存在が発するすばらしい純粋さと喜びと感謝のエネルギーから、彼らは一種の天使であると、私は結論づけた。しかし、天使という言葉には、こうした存在の姿を持たない軽ろやかさや自由さに比べて、あまりにも狭くステレオタイプなイメージがあった。そこで私は彼らを、サンスクリット語で「輝くもの」という意味を持つ「ディーバ」という言葉で呼ぶことにした。この言葉はインドでは良く使われているらしかったが、私にとっては古くさくもなければ月並みでもなかった。

エンドウ豆のディーバは私の意識に現れた最初のディーバだった。私の内なる導きは、次にその地域を治めている存在とコンタクトするようにと、私に勧めた。私はそれを「風景の天使」と呼ぶことにした。風景の天使はまず、土壌に関する一般的な質問に答え、後には天使界全体のための代表として行動するようになると、私に教えてくれた。風景の天使は堆肥作りに非常に熱心だった。ディーバと協力するには、人間も自分の役割を果す必要があり、特に栄養のない砂地で野菜を作るためには、私たちはディーバがすべてをやってくれると期待してはいけないということでもあった。この天使は堆肥作りについて、いつ切り返しを行なうか、土とまぜて使うべきか、それとも敷きわらのように土の上に置くべきかなど、非常に細かい指示を出してくれた。私たちは気がつかなかったが、風景の天使は菜園のホリスティック（全体的）な作り方を私たちに教えて、菜園も大きな自然の一部であることに気づかせてくれた。私たちは土壌を生命有機体の一部として、また、植物をその環境と土壌をつなぐものであり、周囲を統合し交流し合うエネルギーの固まりとして、見るようになった。それは次の私の内なるガイダンスで言っている通りだった。

あなたはあの本（ルドルフ・シュタイナー著『農業』）を読む内に、さまざまな惑星から発せられている地球への宇宙的影響と呼ばれるものに出会います。地球を生きている存在として、またさまざまな存在によって中継され、さまざまな存在によって受け取られている力として、考えなさい。死んだ物というものはありません。すべてのものは生きていて、すべてのものは私の一つの命の中に、居場所を持っています。そして、その生命力はあなたが磁力と呼ぶもの以上のものです。それは高次のレベルで意識的に行なわれる作用なのです。あなたは生命に取りまかれています。あなたは他の生命力の間を動き廻っている生命力なのです。あなたがこのことに気づき、心を開いた時、あなたは彼らのそばへと近づき、彼らと一つになり、彼らと共に私の目的を目指して働くのです。

ピーターが土壌改良のために必要な材料が欲しいと、私を通して風景の天使に訴えると、私たちにそれを買うお金がないからには、その材料は見つかるだろうと、風景の天使は答えた。そして、まさにその通りになった。トレーラーパークで草刈りをした時の草、町の煙突掃除人が使っていた昔のゴミ捨て場にあったスス、海岸で拾い集めた海藻、馬や道を行く人に不思議そうな顔をされながら、バケツとシャベルで拾い集めた馬フン等だった。堆肥のための材料が揃うと、子供たちも含めて全員で、大きな容器の中に入れた材料を言われた回数だけこねまわしてまぜる儀式を行なった。それは楽しくて、しかもきつい仕事だった。実のところ、この数年はまさに、私たち全員にとって、健康的で一生懸命に働いた時期だった。

第5章　未知への冒険

私たちをディーバの世界へと立ち戻らせたのは、菜園のすばらしい成長という現実だった。

　ここから新しい野菜の栽培法が生まれ、一つの全体としての生命を、より深く理解できるようになっていった。

　私たちは自然とだけでなく、私たちの間での協力の大切さも学びつつあった。

初めて風景の天使にコンタクトして二、三日たつと、その天使は菜園の作り方に加えて、当時の私たちには耳新しかったもっと微妙な事柄について、情報をくれるようになった。それによれば、菜園で働くすべての人々から発せられる放射エネルギーは、菜園の植物の成長に影響を与えるとのことだった。この感情や心のエネルギーは自然の力によって変換されて、植物の成長に寄与できるようになるそうだ。植物の成長を刺激できる人もいれば、成長を抑制したり、時には植物からエネルギーを奪い取ってしまう人もいる。私たちがその力を意識的に植物の健康を促進する方向へと向けると、この力はもっと大きな効果を生み出す。子供と同じように、菜園も愛情がこもった世話を必要としているのだ。また、子供や幸せな状態もとても植物のためになるそうだ。人間の肯定的な思考は、植物を含むすべての命を守り育てることができる。一方、自分と他者を分離する思考は、自然のパターンとはきしみを生ずる。調和的な雰囲気の中で育つと、野菜の味はおいしくなる。感謝と賞讃は、私たちが感謝し、賞讃するものと私たちを結びつけて、物質レベルを含むさまざまなレベルでの発達を助けるために、それに適した力の混合体を作り出す。肯定的な思考や感情が植物に影響を与えるように、その結果である高品質の食べ物は、それを食べる私たちに肯定的な影響を与える。こうして、らせん状に双方が上昇してゆくのだ。弱い植物も、私たちが彼らは丈夫なのだと思ってあげれば、丈夫になってゆく。

こうした法則を実際に応用するのは容易ではなく、また、長いプロセスの一歩でしかなかった。たとえば、病気の苗を見ると、私は頭にそれは病気だと焼きつけてしまう。そして、健康な苗を健康だと思うよりも、その病気の苗を健康だと思うのは、何倍も難しかった。言葉で言うのは易《やさ》しいが、外見で判断する自分のくせに気がつき、それを変えることは、創造的な生き方の第一歩だった。この時も、天使がいろいろな見方を提案しては、私たちを助けてくれた。その一つに、植物を光として、エネルギーの生命パターンとして考えなさい、という提案があった。きっとこれは天使が植物を見る時の見方なのだろうと思う。ずっと後になって、キルリアン写真によって、それがどんなことであるのか、私たちは垣間見ることができた。

私たちのそれぞれに異なったエネルギーは菜園に良い効果を及ぼすので、できる限りたくさんの人が菜園で働くようにすべきだ、とディーバは言った。私たちが自分の問題に悩んでいて、精気のない弱ったエネルギーしか放射できない時は、その限りではない。私の個人的な心配が植物や動物などの無邪気な者たちに影響を与えると思うと、私は自分のより高い本質を実現したいと、さらに願うようになった。少しずつ、もう嫌になるほどゆっくりと、私は自分自身の状況に気づき、自分のどの部分を表現して生きるかについて、以前より注意深くなっていった。

私たちの思いや気持ちの影響がどれほど強いか、小さな栗の木の成長が良く示していた。この木は私たちが一つのグループとして拡大し始めた時に植えられた。この小さな木には、私たちの想像力を刺激する、どこか陽気でかわいらしいところがあった。そして私たちが良く通る所にあったので、みんないつも立ち止まってはその木を心の中で、または口に出して賞讃した。木が大きくなればなるほど、私たちはますますほめそやした。するとその木は普通の栗の木よりもずっと多く、すばらしい量の実を成らせた。あまりに大きくなりすぎて、近所に影を作り、混み合ってしまうほどだった。ピーターはその木をもっと広い場所へ移すことにした。木の移動はみんなで一致協力して行なったが、きっと、奇妙な光景に違いなかった。木のてっぺんはステーションワゴンの後部にくくりつけられ、上手にくるんで保護された根は、手押し一輪車で危なっかしく運ばれた。その間では、私たちが大勢で木を支えて、新しい場所へと注意深く進んで行った。栗の木のディーバは私たちの努力と配慮に感謝の意を表し、さらに、その木がこれほどに元気な理由の一つは、その木が受け取っていた愛と賞讃のためであると言った。新しい場所でも同じようにこの木を元気に育てるためには、私たちは今までと同じ注目を与えに、そこまで出かけなければならなかった。私たちは少なくともしばらくの間は、それを実行した。そしてその木はまだ元気に育っているが、昔ほどではなくなっている。ディーバによれば、感謝と賞讃は非常に大きな効果を持っており、生命の循環を完成させる大きな動きを作り出すとのことだった。

植物のディーバと同様に、その他の人間ではない存在もまた、私たちと命を分かち合っていた。私たちの小さな菜園のまわりの土地には、モグラがたくさんいた。彼らの大好物であるミミズが堆肥や畑の中に大量に発生し始めた。するとモグラが急にやって来て、トンネルを掘って私たちの畑を穴だらけにし、きれいに作られたうねの中に、小石の小山を作りあげた。もっと悪いことに、モグラのトンネルのせいで根が空気にさらされて、植物が枯れ始めてしまった。モグラは野菜よりもコンタクトしやすいと思ったらしく、ピーターはモグラをどうにかしてくれと、私に頼み込んだ。いつものように、私は自分はまったく何もできそうになく感じた。モグラを中に入れないために、菜園のまわりに想像上のフェンスを作るというアイディアが、私の心に浮かんだ。動物とコンタクトすることを避けられれば、何でも良かった。そして、私の内なる導きも風景の天使も、このアイディアを応援してくれた。馬鹿げていると感じながらも、私は暗くなってから密《ひそ》かに外にしのび出ると、モグラを防ぐための光のフェンスを想像しながら、菜園のまわりを歩き廻った。そして、誰かが近くにやって来ると、雲をじっと見る振りをして、立ち止まるのだった。

しかし、モグラ予防のフェンスは、モグラとの協力ではなかった。彼らとのコンタクトを試みる必要があることはわかっていた。そして、私を勇気づけてくれたのは、『すべての命との触れ合い』（邦題「ヒトはイヌとハエにきけ」）という本だった。その中で著者のアレン・ブーンは、犬の中には自分の行動を前もって知っている犬がいる、ということにどのように気づくに至ったか、書いていた。先生ではなく生徒になることによって、彼は犬の高次の知性と交信できるようになり、さらには他の動物や昆虫の高次の知性とも、コンタクトできるようになった。自然の力とコンタクトする時は、彼らの本質を感じ取るようにと、私は教えられていた。モグラは私にとって未知の存在だったので、彼らの本質を想像するのは難しかった。私がコンタクトしたモグラの知性のレベルが、軽やかな天使界のそれでなかったのは、そのためだったと思う。私の心の目の中に、私をにらみつけている敵対的で私よりも大きなモグラのいる、陰気な地下のほら穴が現れたのだった。びっくりした私は、私たちが野菜を一生懸命作っていること、その野菜は私たちの食料であること、そして自然と協力していることなどを、どもりながら話した。そして、自分のことしか言えないけれど、私は一度もモグラを傷つけたことはない、と伝えた。モグラは私たちの菜園を荒らしているので、どうか、彼らがよそへ行くように、何かしてもらえないだろうか？　何も反応はなかった。ただ敵意だけだった。私はもう一度同じことをくり返すと、礼儀を失しずにできる限り急いで、そこを離れたのだった。

次の日もその次の日も、モグラが作った新しい小石の山はなかった。少し不安だったが、私はほっとした。一週間たつと、ピーターが私のところにやって来て、モグラを何とかしてくれと言った。また、小石の山が現れたのだった。私はもう一度、モグラにお願いした。また一週間、休止期間があったが、また、ピーターがやって来た。巨大モグラの態度は人間の動物に対する行為の結果であるとしても、私はもうあの敵対的なモグラとはどうしようもないと思ったので、フェンス作りに集中することにした。心の内へと耳を澄ますと、次のようなメッセージが聞こえた。

私の子よ、モグラ除けのフェンスは、あのように作ればいいのです。……しかし、それをだめにしているのはフェンスを強固にするもの、つまり、あなたの信念です。あなたの一部は、あのフェンスは長持ちしない、と思っています。だから、当然、長持ちしないのです。あなたの信念は、いかなる攻撃にも持ちこたえるだけでなく、創造的であるほどに、強力でなければなりません。

その後、私はまた菜園にしのび出て、フェンスを作った。しかし、私はモグラにうなされ始め、ひどい重荷を感じていた。モグラの山はまた現れたに違いない。一週間後、私は次のメッセージを書き記しているからだ。

昨夜、あなたが眠っている間に、モグラが菜園に入り込んだので、あなたは怒っていますね。そして、その期間は私に責任を引き渡していたのだから、これは自分が悪いわけではないと思っています。私の子よ、あなたは責任の移譲について完全に無用心でした。ただちょっとそう思っただけで、自分の要求に何も確信をこめませんでした。ですから、それには効果がなかったのです。私の生活にはすわっている時間はなく、私は常に手を差し伸べているのだと、あなたに何回言いましたか？　時にはあなたがこの件を投げ出したいと思うまで、モグラを使って、このことをあなたに痛感させようとしているのです。さもないと、あなたはみな馬鹿げている、不公平だと、思ってしまいます。もっと続けるように私はあなたに言います。モグラのことは重荷ではなく、一つの挑戦だと思いなさい。

小話としてはおもしろい話だが、当時の私にはおもしろいどころではなかった。その後の二、三日は、私のガイダンスには想像上のフェンスの作り方と、自分の一部ではなく全存在を一つの仕事に投入する練習について、さらに多くのことが伝えられた。フェンスを作ることは易《やさ》しいとは言っていない、とガイダンスは私に告げた。特に、モグラが本能的に辿《たど》ってゆくトンネルが、菜園に通じているからだった。

自分はニンジンを鼻先にぶら下げたロバのように導かれていると、あなたは感じています。もちろん、あなたはこうした次元でのやり方を知らないので、導きが必要です。それでなければ、動けないでしょう。自分が学んでいることに、感謝しなさい。そして、もっと私の近くへ来なければばいけません。

その時には、私は肯定的な思いを維持する私の力がいかに弱いか、それだけを学んでいるように思えた。でも、それでさえ、やり方を変えるために必要なステップだったのだろう。その後間もなく、どんな種類の壁も、それがいくら上手に作られていようと、問題の解決にならないということを学んでいるのではないかと、私は思い至った。いずれにしろ、菜園にモグラの痕跡《こんせき》は次第に減ってゆき、ついに無くなってしまった。そして、その夏以降、モグラは一匹も菜園に侵入しなくなったのだった。私は本当にホッとした。もう一回、モグラの季節に立ち向かうことなど、とてもできなかったからだった。それにモグラが消えたのは、私の手柄だとは思いもしなかった。きっと何か他のことが生じたのだろうと思っていた。そしてその「何か他のこと」に深く感謝した。しかし、二つの出来事がそうではないことを証明したのだった。

最初の出来事は七年後、共同体が大きくなった頃に起きた。私たちは隣接したモグラだらけの土地を購入した。菜園作りのグループが私の所にやって来て、モグラをこの新しい土地から追い出して欲しいと言った。私は本気で、それは彼らの問題であって、私の問題ではない、と思った。その頃、私はオフィスで働いていたからだ。それに、さまざまな分野の意識とコンタクトするのは、私たちみんなに可能であり、菜園作りの人々はみな、動物の命にとても共感を持っていた。そこで、私はただ自分のモグラとの体験を話し、彼らも同様の協力体制を自分たちの思いに従ってやってみてはどうか、と提案するに止めた。彼らはその通りにした。すると、あっと言う間にモグラはいなくなってしまった。

第二のエピソードも同じ頃に起きた。その頃、私は大きくなった共同体の敷地のはずれにあるトレーラーに引っ越しをした。十一月のある日、モグラが作った小石の山が私の芝生に現れた。そこ以外は彼が掘れる場所は他になかったので、私はこの一匹のモグラに意識を集中して、冬の間は芝生で暴れてもいいけれど、春が来たらよそへ行ってくれないかと、彼に話しかけた。彼は私の言葉を字句通りに受け取ったようだった。彼は芝生をメチャメチャにした。私は絶えず彼が掘り出した小石を拾い集めた。彼の活発な行動とそのために生じた私の苦労はおもしろかったが、私は困ってもいた。それに、「暴れる」という言葉を使った自分もおかしかった。春が来ると、モグラがよそに行ってくれないと困るので、私は彼に出て行ってもらおうと、固く決心した。しかし、彼の反応は素早かった。まっすぐに他のメンバーの庭に行ってしまったのだ。彼に私たちの敷地から出て行ってねと頼むと、「なぜ、最初からそう言ってくれなかったの？」というユーモアに富んだ声が聞こえたような気がした。そして彼はすぐに外に出て行ったのだった。私は彼のトンネルの跡が私のトレーラーの前を通って、外の野原へと動いてゆく様子を見守っていた。交信する時は、きちんと意志を伝えなければいけないと学ぶための、良いレッスンだった。しかし、私にとって非常に意味があったことは、この二つの出来事がともに、偶然にしては反応があまりにも素早かったことだった。ついに、私は人間と野生動物との協力が可能であることを、確信したのだった。モグラはそれがうまくゆくことを、証明したかったようだ。動物の英知は、人間との新しい協力関係を作ることができると、すでに気がついているのだ。そして、彼らは自分たちのその気づきを示すために、いろいろやってくれているのだと思う。

数年の間、私たちは菜園に時間とエネルギーのすべてを注ぎ込んだ。ピーターは天使が与えるすべての忠告を直ちに実行し、間もなく私たちは十分な収穫を得られるようになった。たくさんの種類の野菜が植えつけられ、中には誰も見たことがない野菜もあった。堆肥を絶えず施すことによって、砂は土へと変わっていった。思う存分、労力を注ぎ込んだ菜園だった。やがて、盛り土をして作ったくぼ地の畑だけでなく、私たちのトレーラーの周囲の土地は、すべて畑になった。私たちはハーブを植えて、毎日、サラダに入れては試してみた。またりんごとグズベリーの小さな果樹園も作り始めた。りんごの木を一本植える前には、手押し車二十五杯分の砂と石を除いて、同じ量の砂と堆肥に入れ替えた。幸いなことに、グズベリーの木はもっと少ない量の入れ替えで済んだ。私たちは文字通り、何トンという砂を処理したのだった。

ベリー類（キイチゴ）は日の長い夏の間、とても良く育ったので、ピーターは至る所に植え付けた。丈夫なブラックベリーはたくさんの実をつけ、しかも、畑の防風林としても役に立った。ラズベリーとストロベリーは私たちの大好物だった。もうそれ以上食べられないほどに収穫が増えて、これは私たちにとって夢にも思っていなかった成果だった。私たちは自分の選択と必要性から、菜食にしていた。予想もしていなかったうれしいことは、野菜の味だった。化学肥料なしに育った野菜の持つ味がどんなにおいしいか、私たちは忘れていたのだ。

その内、キャラバンパークに住む他の人々に売れるほど、たくさんの作物ができるようになった。私たちの野菜は品質が良かったので、さらに多くの人たちが欲しがり始めた。そして、土地の野菜生産者たちは私たちの苗を高く評価して、私たちから苗を買い始めさえした。こうして得たお金で、私たちは種、苗、フレーム、畑の境界に植えるかん木の苗木などを、買うことができたのだった。

私たちは良質の作物を嬉《うれ》しく思い、感謝していた。しかし、何も知らなかったので、それがどれ程のものか、評価の仕方がわからなかった。コーダー城を訪ねて、何世紀もの間、専門家が世話をし続け、年に一回だけ人々に公開されている畑を見た時、私たちの野菜や果物の方がずっと元気であることがわかった。私たちはやっと、ディーバと協力して作業することの意味を、理解し始めたのだった。

ピーターが依頼して、郡の農業委員に土壌の分析をしに来てもらうことになった。彼はこの地方のどの土もそうであるように、ある種の要素が不足していると断言したが、分析するために土のサンプルを取っていった。彼の予想に反して、土壌を分析してみると、何一つ不足しているものはなく、完全にバランスが取れていた。農業委員はびっくりし、理解することができなかった。ディーバは次のように告げた。

この菜園が専門家を当惑させることはわかっています。ここは他の畑とまったく違うからです。そう、私たちは永遠の生命力から、私たちの仕事に必要なものを引き寄せることができます。このプロセスは、私たちが必要とするものが使いやすい形に転換されて手に入る時は、もっと急速に行なわれます。もちろん、土に肥料を入れるあなた方の協力が、植物にすべての違いをもたらすということです。

このプロセスはまた、あなた方の創造的な力が畑へと流れ、あなた方から最高のものが来る時に、もっと容易になります。人間は、わざと毒薬をまくだけでなく、利己的に宇宙法則に違反するさまざまなやり方によって、私たちの仕事を妨げています。この菜園のように、多かれ少なかれすべて

が調和していれば、邪魔されないだけでなく、スピードも加わって、私たちの仕事は進んでゆくのです。

その農業委員が天使の援助など、認めたり信じたりするとは思えなかったので、私たちはそのことについては何も言わなかった。しかし、彼は土壌分析と植物の成長に非常に感銘を受け、ピーターはBBC放送の園芸番組に出るように頼まれた。この番組でも、ピーターは畑の成功を良質の堆肥と私たちの労働の結果であると説明した。スコットランドの農民もまだ、天使の助けという考えを受け入れる準備があるとは、彼には思えなかったからだった。

一九六六年、私たちはロバート・オーギルヴィー・クロンビーと知り合いになった。彼はエジンバラの教養豊かな紳士で、科学に詳しく、好奇心が強かった。すぐに、オーギルヴィーは生まれて初めて、自然王国のさまざまなレベルにある自然の霊と接触するようになった。彼は妖精、小人、パン（牧神）などの小さな存在を目で見、それらと話すことができた。彼の体験は私たちの自然との協力に、新しい側面をつけ加えることになった。協力がより確実で的を得たものになった、と言うのが最も適《ふさ》わしいかもしれない。たとえば、私はディーバに反対されるという印象を持ったことがなかった。もし人間の行動が彼らにとって余りにもひどいと、彼らはただ、引っ込んでしまうだけだった。オーギルヴィーの小さなものたちは、もっとずっと「人間的」で、怒ることさえあった。だから、私たちが何か彼らに反することをすると、彼らの反応からずっと早く、しかも正確に学ぶことができた。それに普通の畑の作り方の多くが、自然のやり方を邪魔していることもわかった。

菜園作りに対する自然霊からの協力に加えて、オーギルヴィーの態度は私の大きな支えだった。私たちは話す必要がなかった。二人とも菜園に対して同じように感じていたのだ。実は私はしばしば、彼のモラルサポートが必要だった。なぜならば、ピーターは自然の力と協力する時、結局は人間の役を演じていて、植物を大いなる全体の一部としてよりは、自分が支配できる対象として扱うという姿勢の持ち主だったからだ。そして、それは人間として、ごく普通の態度でもあった。

オーギルヴィーが自然霊との接触から得たすばらしいアイディアの一つは、どの畑も人間の手が入っていない、自然霊のための自然のままの区域を残しておくべきだ、というものだった。私たちはすぐに、すでに何種類かの針葉樹を植えてあった小さな丘を、そのための場所に決めた。その後、一本の木が隣《となり》のグズベリーのやぶに枝を伸ばし始めたので、ピーターは枝を切りたいと思った。木ややぶを切る時は十分気をつけなければいけないということを、すでに体験から学んでいたので、彼は少しためらってオーギルヴィーに意見を求めた。彼のガイダンスは、ピーターは十分に体験も知識もあるので、自分で決められるはずだ、と言うものだった。安全の方を選んで、ピーターは木をそのままにすることにした。そして自然霊は、この決定を彼は後悔しないだろうと言った。その年、他の所ではクロスグリがほとんど全滅だったのに、私たちの所ではそれは豊かな収獲に恵まれた。ピーターはこうしたやり方で、補償してもらったのだろうか?

協力は別として、私たちは自然の生態的なつながりには、気づいていなかった。ある年、入口の上のたる木に、スズメバチが巣を作った。いつも人が通る所であり、誰かが刺されては困ると思って、私たちは女王バチが他の所に引っ越さざるを得なくなるまで、ハチの巣を取り除き続けた。その年の後半になって、私たちはまた害虫に頭を痛めることになった。今度は、キャベツに毛虫がついたのだ。一人の訪問客が毛虫を見て私たちにたずねた。「スズメバチはいないのですか?」明らかに、スズメバチはキャベツの毛虫の天敵なのだった。世界中の人々と同じように、私たちも生命相互のつながりについて、苦労しながら学んでいた。ディーバが伝える情報に、私たちはますます確信を持つようになった。ピーターは彼らの忠告に従っている内に、ディーバに質問することもどんどん減っていった。私は畑に新しい植物が加わるたびに、その天使とコンタクトし続けたが、これは畑を広げてたくさんの種類の花を植えるようになると、なかなか大変な仕事になった。

一九六六年、私たち、特にピーターはそれまでの隠者のような生活を抜け出して、イギリス中を旅行し始めた。そして多くの人々に会って、私たちのことや畑について話をし、その人たちが、フィンドホーンに私たちを訪ねて来るようになった。誰もが植物の種類の豊富さと花の鮮やかな色合いに、感銘を受けた様子だった。また、畑を作った経験のある人々は、この土壌と気候で、なぜこんなにも見事な作物ができるのかびっくりし、また不思議がった。私たちの生き方に魅《ひ》かれて、私たちの仲間になる人たちも現れ、私たちのグループは大きくなり始めた。しかし、霊的な事柄にも土壌にも詳しいジョージ・トレベリヤン卿が訪ねてくるまでは、私たちはグループ以外の人に向かって、自然霊との協力について話したことはなかった。ジョージ卿は私たちの説明に納得し、私たちの実験について書くように勧めた上に、序文を寄せてくれたのだった。その中で、私たちの畑を誉《ほ》め、良質の堆肥以上のものがあるに違いないと述べたあとで、彼は次のように書いた。

もちろん、古代の人々は自然霊の王国を直接目にし、体験した事実として、疑いの余地なく知っていた。しかし、現代人においては、分析的科学マインドが成長した代価の一部として、超感覚的世界を認識する器官がすっかり退化してしまっている。自然霊は昔と同じように現実の存在であるかもしれないが、彼らを見たり体験したりする能力を取り戻すことができた人にしか、感知されないのであろう。おそらく、今、私たちが関心を持っている現象は、数多く見られる高次の次元からの来訪の、もう一つの事例にすぎないのだろう。こうした来訪こそが創造的協力の新たな可能性を開きつつあるのだ。

私が思うには、この意味は非常に大きい。ディーバが伝える全体像は、彼らの視点から見ると、世界の状況は危機に瀕《ひん》している、というものだ。自然霊の世界は、人間の生命エネルギーの扱い方に失望している。ディーバや精霊たちは植物を成長させるために、神の法則によって働いている。人間はそれを絶えず邪魔しているのだ。彼らが人間に背を向ける可能性もある。彼らは時々、人間のことを地球の害虫だとさえ思っているのだ。これは人間が植物体から生命力を取り上げることを意味し、その結果は悲惨なものとなるであろう。

それでも彼らは、地球を世話するという神聖なる役割を与えられている人間と協力したいと望んでいる。何世代にもわたって、人間は彼らを無視し、その存在を否定してきた。今、個人のグループが意識的に彼らを自分たちの畑に招き入れている。彼らは文字通り、砂漠がバラのように花開けることを、証明したのだ。そしてまた、これを実現させた驚くべき速度にも注目すべきである。フィンドホーンでこれほど速くできるのであれば、サハラでも行なえるだろう。十分な数の人々が本気でこの意識的な協力を実行し始めれば、最も不毛な地でも豊かに食物を生産できるようになるだろう。

キャディのグループにできたからには、他の多くの人々にも、同じことができるはずだ。どこにいようと、私たちは自分のディーバを呼び出すことができる。そしてそのディーバは瞬時に、あらゆる場所にいる同じ波動のディーバと、疑いもなく接触しているのだ。

ディーバとの接触は、必ずしも科学的知識をもたらしはしないだろう。しかし、いつかはそうなるかもしれない。それは農民の直観に働きかけ、正統的ではないかもしれないが正しいやり方へと、彼らを導いてゆくだろう。これはキャディの例で良くわかると思う。そして、自然霊を認め、愛している多くの人々は、どのような形で彼らを感じているとしても、自分たちの畑が今までになく良くなり、反応し始めたことと、植えつけや後の手入れをどうすべきか、確かな直観によって導かれていることを、感じ始めているかもしれない。

ディーバと協力する可能性は、真剣に研究されるべきである。このことをもっと自由に話してもいい時期が来ている。ディーバと協力した素人のグループに起こった現象が、われわれの注目を呼びさました。多くの人々は理解するための心の準備が整っている。そして、十分に多くの人々がこのことを理解し、実行することこそ、おそらく、現在の世界の状況では決定的に重要なのである。

この初めての小冊子に対する反応は、現実に多くの人々が理解したことを示していた。たくさんの人々が、ディーバや自然霊と協力した私たちの仕事に感謝する手紙を送ってきたからだ。彼らはまた、自分の同じような体験をその小冊子で確認することができたとも、書いて来た。さらにたくさんの人々が私たちに会いにやって来るようになり、住みつく人々も出はじめた。瞑想所と事務所がすでに建てられ、印刷機も導入された。今や、二百人分の食事を作れる大きな台所つきのコミュニティ・センターが、住んでいるメンバーは二十五人にも達しないのに、ガイダンスに従って建設されつつあった。農業専門家もぞくぞくとやって来たが、その一人に土壌協会のコンサルタントであるリンゼイ・ロブ教授がいた。農業、自然保護、栄養学の専門家である教授は、国連や世界中のさまざまな組織で要職についていた。彼もまた、私たちの菜園に驚き、次のように書いている。

荒れ野と言っていい砂地にあるこの畑で、冬のさ中にこれほど生命力に満ち健康な作物が育っているのは、普通の堆肥のやり方や、これまでのいかなる有機農法の応用によっても、説明することはできない。そこには他の要素があり、しかもそれが最も大切なものなのだ。このグループのように、この土地で、この土地によって、この土地への愛のために生きることは、最高の知恵と自由の哲学を、実際に表現することなのだ。

他の農業専門家たちも、同じように熱心に書きたてた。誰もフィンドホーンの畑の成果を、合理的に説明することはできなかった。私たちのやり方は、合理的なものではなかったからだ。しかし、自然の背後にある力との協力は、何世紀にもわたって伝えられてきた農法を捨て去ったり、フィンドホーンが特別であることを意味するわけではなかった。たとえば、ルドルフ・シュタイナーが開発した生物動態農法は、自然との協力と透視を基礎にして、彼が編み出した原則にそって行なわれていた。フィンドホーンでの協力は、天使の指示にただ従うだけでなく、人間は共同創造者であり、人が生まれながらに持つ創造性こそが最高なのだという原則に基いていた。天使はまた、規則や法則を作らないように、細心の注意を払っていた。実験しなさい、他の次元を感じ、それについて考えなさい、自分の中に答えを見つけなさいと、私たちは常に奨励されていた。

ディーバの世界を私たちに気づかせてくれたのは、菜園のすばらしい成長という現実だった。ここから、新しい農法と、命全体に対する深い理解が育っていった。私たちはグループ仕事の第一の原則を学びつつあった。自然とだけではなく、人間の間での協力も大切なのだ。オーギルヴィーと私を通して自然の力が語ることと、それを菜園に適用するピーターの行動、そして私を勇気づけ、ピーターの行動を確認してくれたアイリーンが受け取るガイダンスの間には、相互作用があった。そして、私たち一人ひとりの間の相互作用もあった。さらに、私たち一人ひとりが、自分の最高の面で行動したいという、それぞれの熱い思いを持っていた。時には緊張が生ずることもあったが、それぞれが理解したことを、一つの創造的なものに統合する方法を私たちは学んでいたのだった。ピーターが次第に農業の腕を上げるにつれて、ディーバはますます、私たちの先生となっていった。自然の目に見えない面を見るようにと教えてくれたのと同様に、自分自身の目に見えない面と触れ合って生きる方法を、彼らは私たちに教えてくれたのだった。

第6章　天使の世界

もちろん、それは事実だ。
しかし、事実が何だというのかね？
ハズラット・イナヤット・カーン

天使とは何なのだろう？　彼らが証明のできないある種の命、宇宙観、存在の次元を代表していることは確かだ。証明ができないと言うのは、私たちが証明とは何であるか、科学技術の思い込みから理解しているからだ。ずっと昔の文化では、こうしたものたちの存在を証明することは必要ではなく、当然のこととされていた。たぶん、私たちの祖先は、ただ迷信を信じていただけか、または、こうしたものたちの存在を何かの方法で体験していたので、その現実を受け入れていたのだろう。

『エンサイクロペディア・ブリタニカ』（百科辞典）は、天使を次のように定義している。「英知と自由意志を与えられたものの呼び方として、キリスト教で使われている言葉。人間とは別の存在であり、人間よりすぐれてはいるが、神よりは基本的に劣っているもの」

さらに次のような説明が続いている。「彼らはメッセンジャー、神の息子たち、精霊、聖なるもの、天の主、などと呼ばれている。彼らは無数に存在する。その役割は、神をたたえる、神の玉座に侍《はべ》る、神の命令を実行する、信仰深き者を守るなどである。イザヤ書の中では、神の玉座に侍る者をセラフィムと呼び、六つの羽のある人間の姿をしていると書かれている。ケルビムは天国の守護者である。エゼキエルのビジョンには、四つの羽と四つの顔を持って現れている。新約聖書は旧約聖書の教えを正しいとし、補足している。そして、神学者は普通、天使を九つの階級、または群に分けている。最高位から下へ並べると、セラフィム、ケルビム、スロンズ、ドミネーションズ、バーチューズ、パワーズ、プリンシパリティーズ、アークエンジェル、エンジェルの順になっている。おそらく、最も良く知られている天使の物語は、イエスの誕生を告知するために、聖母マリアに神が遣《つか》わした大天使ガブリエルの物語であろう」

私のキリスト教徒としての生い立ちや天使の絵などによって、私は自然にこうしたものたちを知っていたが、彼らは現実感も意味も持っていなかった。今になってやっと、彼らに関して言われている言葉のいくつかの意味が、わかるようになった。たとえば、セラフィムはヘブライ語の「燃える」又は「命で燃え上る」という意味の言葉から来ていると、何かで読んだ時などである。しかし、ロンドンにいた頃、私はE・L・ガードナーの書いた妖精の本を見たことがあった。この本にはヨークシャーの二人の少女が写したとされる妖精の写真がのっていて、こうした存在は成長過程によくある一段階だと、説明されていた。子供のように妖精を信じたいと思っていた私は、その説明に納得し、そのまま受け入れてしまった。それに、当時の夫も、もちろん、彼らは本当にいる、と言っていたからだ。その後、ジェフリー・ホドソンの『神の王国』という、天使、ディーバ、空気の精、神などの美しい絵がたくさん載っている本によって、私の視野はさらに大きく広がっていった。そして、神のエージェント（代理人）として働き、自然法則やプロセスを地球やそれを越えた世界に指示している、超自然的存在の巨大な集団という印象を得たのだった。私にとって何も意味のない部分もその本にはたくさんあったが、この考え方は私の中の深い所にある何かを満足させた。だから、エンドウ豆の精にコンタクトした時、私の頭の中では、それはこの命の巨大な集団に属していた。それ以後は、私は自分の道を行くようになった。植物の精霊に出会うたびに、さまざまな細切《こまぎ》れの情報をつなぎ合わせて、彼らの次元を自分で明らかにしなければならなかった。

私たちの普通の体験をこえた世界であるという難しさに加えて、時間と空間に住む人間のために発明された言葉でその世界を表現するのは、とても難しかった。たとえば、私は「速《すみ》やかに」という言葉をディーバを形容する言葉として、「すべての場所に今、同時に動いている」という意味を伝えるために使った。また、あるところはしっかり理解できたのに、私が他の多くの面を無視していたことにあとになって気がつくこともあった。

何年にもわたって集めてきた天使に関する興味深い事実をここに書き並べることもできるが、イナヤット・カーンが輪廻転生について言ったように、「もちろん、それは事実だ。しかし、事実が何だというのかね？」なのだ。事実はただ、それが私たちの人生と関わりを持つ時に、私たちがそれを自分の人生に応用できた時だけ、大切なのだ。菜園の仕事をしている間に、まさに数多くの事柄がわかってきた。たとえば、私たちにはただの土くれにしか見えないものが、彼らには光と命に満ちた生きた存在であると、ディーバは私に教えた。このディーバの言葉は後に、土壌協会のドナルド・ウィルソンが、一インチ四方の土の中に含まれている何万という小さな命について話してくれた時、私たちの事実そのものになったのだった。

ディーバは、私たち人間がこれはこれ、あれはあれと限定して物事を考えるのを止めて、もっと大きな全体へと考えを広げるように望んでいたので、彼らは部門分けしたり分類したりする試みには、すべて抵抗を示した。だから、ディーバを分類するのは難しかった。彼らと初めて知り合った時、私はすぐに頭の中で、民話に出てくる小さな精から、人間の想像を越えた宇宙的存在まで階級的に連なっている天使世界の一員として、彼等を分類した。私の受け取ったガイダンスでは、自然の精霊は小さな自然霊を統括している、と言っていた。そこで私は小さな自然霊とは中世の神話に出てくる精霊、つまり、土、水、火、空気と共に働き、それに活力を与える存在だろうと推測した。ディーバはいつもそれとなく、そのような階級的な考え方の非を諭《さと》し、自分たちを私の解釈の中に閉じこめてはいけないと強調した。確かに、理性で私たちが理解できることが私たちの知識の最先端であるならば、分析が一番大切に違いない。しかし、直観のような高次の能力が加わると、分類はうまく役に立つか、または生まれたばかりの直観をその重みで沈めてしまうかのどちらかだろう。

ディーバは私たちの世界の建設者だ。創造的英知を体現するものとして、彼らはエネルギーと私たちが呼んでいるもの（振動する波または小さな粒子）を少しずつ、より「物質的」な構造（感情や知性の構造を含む）へと変えてゆき、最終的には、私たちが物質と呼んでいるもの（空間にある形）へと変換する。彼らは、鉱物、植物、動物、人間、超人間など、すべてのレベルで命を表現するための乗り物を作っている。生命の製作者として、彼らは私たちの惑星にずっと住んでいる。実は、彼らは惑星そのものの命も作ったのであり、その意味では、退化や進化の主なのだ。そして、次々とより繊細で正確で感度のよい乗り物を、意識を表現するために作り続けているのだ。

エネルギーの中の建設者として、彼らはその建設物のために、何もない所から、れんがを見つけ出す。すでに書いたように、彼らは土に必要な材料を「空気から」取り出し、栗の木に対する私たちの賞讃を木の成長へと変え、私たちの肯定的思考を病気の苗を丈夫にするために使っていた。彼らから見ると、すべての命はお互いに影響し合っているエネルギーなのだ。彼らは人間もまた建設者であり、力の伝え手であるが、今は非常に無知であると言っていた。

その建設者としての能力では、天使は、新参者である人間が現れる以前の、歴史の担い手でもあった。ある意味では彼らは、無限の複雑な自然の資源とプロセスによって、私たちの体を作ってきた私たちの親でもあるのだ。彼らは常に地球とつながっており、しかもその宇宙的な役割においては、地球を超越している。そして彼らもまた、学んで変わってゆくのだ。ディーバと人間の運命はいつか合体すると、彼らは言っていた。

彼らは私たちの惑星の原型パターンを、神の内なるエネルギーの流れの中に保っている。このことに常に気づいてはいても、彼らは私がコンタクトしたレベルにおいては、新しいパターンの作り手ではなかった。菜園の仕事でもこれは明らかだった。彼らは私たちが計画を選択すると、それを人間にまかせたのだ。彼らはピーターが提案するどんな計画も、熱心に助けようとした。彼が二つのやり方の内、どちらを試すべきかたずねると、彼らは両方とも試すようにと助言した。私からみると、彼らと選択の関係は、二つの要素によって決められるようだった。一つは、エネルギーの場を流れている存在である彼らは、選択権を持たず、自由意志も持っていなかった。第二は、教育者の立場として、彼らは私たちに、自分の能力を高めて誰にも頼らないようになって欲しいのだった。パターンを変えるのは自分たちの仕事ではない、自分たちは条件にそって、その中で仕事をするのに対して、人間は条件を変えることができると、彼らは言うのだった。

植物の天使について、最初に私がわかった性格は、彼らのすばらしく軽やかな感じだった。自由で何も背負っていない感じだった。おそらく、これは肉体に閉じこめられていない存在にとっては、驚くほどのことではないのだろう。一方、彼らは植物の物質的な成長に責任を持っていた。

私が気づいた二つ目の性格は、この存在たちは、私が何を考えているか知っている、ということだった。「そう、彼らはすぐにわかる次元に住んでいるのです」と私の内なるガイダンスは言った。仕事に必要なことは、彼らはすぐにわかるのだ。私の心の中のことも彼らは知っていたので、私は彼らにどう質問しようかと、考える必要はなかった。それに私たちの動機も知っていて、彼らをだますことはできなかった。彼らの知識は人間の知識のように選択的で覚え込んだものではなく、一瞬一瞬の純粋知性だった。そして、ある種の原初知識、たとえば、進化のプロセスの道筋なども含んでいた。

ディーバはとても強力だった。自然体系の統括者として、創造のパターンの代行者として、ほとんど、全能だと言ってもいいと思う。でも、彼らは私にこの面をほとんど見せなかった。私が嫌がったからである。しかし、彼らの力に対する態度のせいか、力は彼らの肩にちょこんと乗っているだけだった。彼らは力のすばらしい使い方についても話してくれた。その内、人間に準備ができれば、ディーバはこのテーマについて、もっと話ができるようになるだろう。私たちもまた、潜在的には限界を持っていないと、彼らは言っていた。

感情という点では、ディーバは常に喜びと浮き浮きした気持ちをもたらしてくれる。G・A・ギャシュケルの『聖典と神話事典』では、ディーバ、「輝くもの」を次のように定義している。「高次の次元に住む、真理と知恵と愛の高貴な知性。彼らは進化の過程を進めるために、知恵の法則と高次の知的次元から行動している。彼らは高貴な感情と関わりがあり、下からのあこがれによって、引きつけられる……」

こうした浮き浮きした感情や感覚は、どのレベルの天使界とコンタクトしても、すぐに感じることができる。そしてこのような喜び、愛、純粋性、軽やかさ、平和などに出会うと、完全に元気を回復して生まれ変わったようになり、しかも故郷に帰ったように感じる。このような感情の広がりは、天使界全体に浸透していて、彼らの仕事を一つの遊び、踊りたくなるような恍惚感、完璧な芸術、純粋な喜び、無限の平和へと変えるのだ。メッセージの中で、私は天使界の美しさと楽しさを伝えようとしたが、どんな言葉も、それを伝えることはできなかった。

天使の姿については、私は時々、色や模様の印象を感じることはあっても、その姿は見たことがない。彼らは形には囚《とら》われておらず、彼らが住む世界の特性のせいで、動くたびに姿を変えるそうだ。彼らは私たちの普通の視力では見えず、また、いつも変化し動いているために、私たちの形という考えと比較すれば、彼らには形がないのだ。私が思うには、彼らは人間と交信したいと思って、私たちにわかりやすくするために、一定の形を取る時があるようだ。私たちのほとんどは、動いている模様と話をするなんて、考えられないだろう。この原則を応用して、小人や妖精などの小さな精霊たちは、時々中世の伝統的な服をまとって子供たちに目撃されているのだ。この服装は、まだ人間が十分に自然と親しくて、妖精の世界に触れることができた時代の、名残りなのだ。

私は天使界について、よくいろいろ馬鹿げた質問をした。たとえば、「花の蜜などの食べ物をあなた方は食べますか?」とか「講義に出席したことはありますか?」といった質問だった。時には、「私たちの食物はエネルギーの輝きです」「私たちは講義には出席しません」などと答えが返ってくることもあれば、天使が私を笑って、楽しそうに意識から消えてゆき、正しい見方に気づかせてくれることもあ

ブライアン・ノブスが描いた風景の天使

った。キャベツのディーバはスカートのまわりに赤ちゃんをつるしているお母さんのようなイメージがあり、火のディーバはとても男性的な感じだったが、全体としては、ディーバは形も性も持っていないようだった。

ある時、私たちのグループの一人、ブライアンがこれらの存在を絵にしてみようと思い立ち、風景の天使の絵を描いた。私はその絵が好きだったけれど、同時にとても困惑してしまった。その絵にははっきりした輪郭があるだけでなく、それは明らかに男性だったのだ。私にとって、風景の天使は男性でもあり、女性でもあった。しかし、天使に相談すると、天使はブライアンの努力を喜んでいると言った。そして、違う意識が違う性質に同調しているのだから、彼の見方は私のものとは違うのだと言った。この点を証明するために、風景の天使はすぐに、それまで私が出会ったことのない彼の一面を私に見せた。それはとても静かで力強く、ほとんど冷たい感じがした。さらに天使は、ブライアンも私も、天使の姿は常に変化してどれも一瞬のものであることを知っているから、実線ではなく点々で描くと、ディーバの世界の視点を人間の意識にもたらし、両者が協力を始めるために役立つだろうと言った。協力が一番大切なので、ディーバはこうした絵が作られるのを、とても喜んでいた。

形があろうとなかろうと、ディーバは確実に一人ひとり個性があって違っていた。そうでなければ、彼らにコンタクトすることも、それぞれの本質を感じることもできなかっただろう。しかも、彼らは個々別々であるのに、自分の個性を失って全体の一部になることも、気にしなかった。彼らがその一部である全体は、非常に大切だった。すべての命を含む一つの全体は一つの意識であり、彼らはその中で幸せなのだった。何かアイディアを私に伝える時は、一つのディーバか、または大勢がしゃべっているのか、わからなかった。そんなことは彼らにはどうでもよかったので、私もすぐに気にしなくなった。このことで真のグループ行動を、私は初めて体験したのだった。

ディーバは人間だけではなく、すべての形あるものの原型パターン（型紙）を保持している。新約聖書のパウロは、「信仰によって、わたしたちは、この世界が神の言葉で造られたのであり、したがって、見えるものはすでに現れているものから出てきたのでないことを、悟るのである」（「ヘブル人への手紙」第十一章三節）と言っている。シダレヤナギのディーバは、私を彼らの世界の一番奥、すべての命を含む所まで、連れて行き、私にこのことを理解させてくれた。

ここは静けさの極まった所であり、ここから計画やパターンを放射しています。ここから私は世界中の一本一本の柳の木へと長い腕を伸ばし、それぞれの木をこの静けさに取り込み、その放射を浴びさせます。木はそれぞれ独立した存在となりますが、それでも、目に見えない意識、つまり私の一部なのです。私の静けさから、エネルギーの大いなる波が送られています。

そこにいるディーバは、他のディーバたちの存在に気づいているのだろうか、と私が疑問に思ったとたん、次のような答えが戻って来た。

はい、私は同じ仕事をしているディーバたちに気づいています。しかし、この場所では、一つのパターンだけを常に放出しています。そう、私はより大きな静けさの中にいることを知っています。

私は私たちのこの一面、この創造の聖なる場所を、あなたに見せているのです。そっと呼吸して、源にある繊細な力のラインを邪魔しないようにして下さい。

もちろん、天使は肉体的な呼吸について言っているわけではなかった。彼らの世界への私の旅は、意識の中でのことだったからだ。

さらに、人間と同じように、ディーバの世界にも多くの意識のレベルがある、とディーバは言った。そしてある日、私にパターンを感じさせるために、菜園の木のレベルへと、私は連れて行かれた。私には、ぼんやりした輪郭だけが見えた。そして、これは、最近この木を植えかえたせいで、エネルギーのラインが弱くなっているからだ、と教えられた。ディーバは、その木に愛を送って、そのつらい体験を克服できるように助けてあげて欲しいと、私たちに頼んだ。さらに彼は、その種類のすべての個体のためにパターンを保つという、天使の忍耐強く、集中力のある性格を、私に見せたかったのだと言った。ディーバは、こうしたパターンに縛られているのだ。と同時に、彼らは創造物の中で、最も自由な存在だった。

その後、りんごのディーバが創造のプロセスについて、次のように話してくれた。

種である思いから、エネルギーのパターンが中心から生まれ、沈黙の天使たちによって運ばれます。思いは形もなく不安定で、できる限り大切にしなければならないので、静寂が必要なのです。それは下へ下りるに従って、力強く大きくなり、輝きを増してゆきます。そして、最も外側の大天

使の保護の下で、火花を発し、音を発します。そのエネルギーの場は安定し、輝いています。次に、パターンは形を作る者、つまり四大要素へと手渡されます。四大要素の精霊はそのパターンに衣服を着せるために、自分自身を与えます。覚えていて下さい。これはプロセスです。パターンは天使によって保たれて、エーテルの中のいたる所にあります。そして、最適な時に四大要素の奉仕を通して、彼らのエネルギーによってこの世界に現れるのです。そして、時と場所を選んで、あなた方の目に、美しい花や果実となって現れるのです。

風景の天使は一度、「手」を使ってエネルギーをその地域に振りまいたことがあった。ディーバはマントラや動きを使い、それが音や模様を作り出して、ある一定の高さまで持ってゆくのだそうだ。彼らの動きはその地域の生命の質に、影響を与えているのだ。

かん木のディーバは、喜びとは、エネルギーの方向への刺激であり、生命の本質であり、大自然の命の流れであると語った。

私たちは喜びの羽に乗って飛びます。なぜならば、もし、人間のように重かったら、私たちはエネルギーを操作することはできないからです。私たちはエネルギーを活動へと投げ込むことによって、植物を成長させ始めます。そして、私たちの内にある喜びは、常に動いていて、私たちはそれを自分の仕事に伝えます。小さな原子をそのパターンに保つことは、とても楽しい仕事ですよ！

彼らにとって、物を顕現させる仕事は、溢《あふ》れるばかりの喜びなのだ。私たちが天使に気づくようになると、いつも喜びに満ちていられるのも、驚くにあたらない。彼らは生命を創造し、生命を賛美することで喜びを表現している。これこそ、天使が神を賛美して歌っている中世の絵画の背後にある真理なのだ。

ディーバのもう一つの機能は、一瞬に身をまかせて、今現在のエネルギーに完全に集中し、それと一つになるということだ。風景の天使が言ったように、彼らは人間の予想できない行動も含めて、すべての条件を利用しているのだ。

風景の天使は自分の機能を、地球にやって来る光の流れを統率することだと、説明した。それもただ野菜のためだけでなく、星からのエネルギーを中継し、そのエネルギーを常にバランスさせ、精製するというような、たくさんの目的のために行なっているのだ。こうした天使は、意識の発電所と言ってもいいだろう。自分たちが行なっている仕事の聖なる本質を知っているので、彼らが扱っているエネルギーは一般的な波長ではなく、向上と美と驚きの源を持っている。これもまた、生命のらせん状の進化に果す彼らの役割の一つなのだ。

ディーバは、常に奉仕する生活を送っているが、その一部は人間に向けられている。太陽からの「大いなる火の存在」は、非常にエネルギーの高い熱を地球を暖めるために注いでいるが、私たちを傷つけないために、限りなくゆっくりと、それを行なっている。それと同時に、彼らは他の事も行なっている。彼らは多次元的に、すべてのものの一部だからである。ディーバは命を伝える。彼らは意識の発達のために形を創造している働き手であり、創造の大いなる世界とプロセスを私たちに伝えてくれる、形態学者でもあるのだ。そして、ヒーリングの天使、守護大使、芸術の天使、太陽の天使、愛の天使、などが存在している。
私がエンドウ豆のディーバと初めてコンタクトした一カ月後、何かの理由で風景の天使は私の心を広げる仕事に取りかかった。突然、それもいささか堅苦しく、いかにもイギリスの風景の天使らしく、彼は私に音の天使を紹介した。いつものように、私は言葉にして、記録をとった。

私の音はいたるところにあります。あなたは木の葉をそよがせる風が、音を作っていると思うかもしれません。しかし、これはただ、私の効果を出すために使われた手段にすぎません。これはあなたの声についても同じです。私の次元にいる音の製作者が、一人ひとりが自分独自の音を発達させる手伝いをしているのです。切り離されている命はありません。すべては波動であり、すべては命です。顕現のそれぞれが、生命によってまた霊的存在によって助けられています。私がこれをあなたに気づかせたのは、ただ、あなたの視野を広げるためだけです。今、ヒバリの声を聞けば、その美しい声が、そのヒバリと創造主によってだけでなく、その歌を作り出す手助けをした音の精霊と天使によっても生み出されたと、あなたは考えることができます。生命のすべての側面が、あなたにとってもっと現実のものとなってくるでしょう。そのために、私はこのメッセージを書いています。又、来ますね。

これはおもしろそうな話だった。多くは語っていないのに、この天使は私の心にたくさんの思いを呼び起こした。私たちは疑いようのない広大な新しい世界に関する、基本的な情報を得たのだ。一週間たたない内に、私はこの天使と波動を合わせることによって、もっと多くのことを発見しようとした。そして、光に仕える音の天使の支部、光が生命によって明らかにされているのを確認するために地球に駐在する太陽の使者、と名乗る存在と、音の天使を通して出会った。この存在を私は理解できなかった。彼らは私に同情して、次のように言ってくれた。

人間の理性が、この問題を考えていないのですから、当然です。あなたは光合成のことを考えていますが、音との関係はわかっていません。私たちの世界はあなた方の科学で測ることはできませんが、光合成のプロセスを調べてみなさい。

さらに、彼らは個々の植物の音と、一人ひとりの人間の音について、説明を続けた。こうした音は、とても強力な効果を持っている。植物では、音が自然霊を通して、命に必要なものを引きよせる。すべての部分が調和している人の場合は、音は非常に強い力を持っている。ある意味では、音と光は同じなのだ。光と生命は、それ独自の音を発している存在を通して、輝いている。そして音がまず最初にやって来る。天使がこのプロセスにどう関係しているのかわからなかった私に、彼らはこう説明してくれた。音叉《おんさ》のように、個々の音はさまざまな植物や生き物の中で共鳴し、その音は成長と共に変わってゆく。その時は良くわからなかったのだが、私はあとになって、このプロセスを理解できるようになった。

音の天使の次のメッセージは、音は非常に相互的であるので、自分たちの仕事は集団作業であること、人間ももっと完全を目指すためには、グループで働くようになるだろうというものだった。後に（まだ一九六三年のことだが）音の天使は、地球で訓練された私の頭のせいで、私が彼らをよそ者扱いしがちであり、すべてが音、または波動であることや、天使は形に囚《とら》われていないことを忘れている、と指摘した。こうして、彼らは私の理解を広げようとしたが、まだ私が理解できないのを見て、次のように言って来た。

そうです。私たちの音という意味と、あなたの音の意味が、まったく違うことを発見するでしょう。私たちの概念はあなたのよりもずっと広いのです。理論的にはすべては音であり、生命とは音を発する動きだということを知っていても、あなたは耳から聞くものだけが音だと思っています。私たちにとって、これは理論ではなく、生命そのものなのです。

そして、彼らは私に、理解できないからと言ってがっかりしないようにと、ありがたい忠告をしてくれたのだった。

もし、音の天使がいるのであれば、沈黙の天使もいるのだろうか？　私がこうたずねると、風景の天使が仲介をしてくれた。私一人では沈黙に達するほど遠くまでは、行けなかったからだ。風景の天使によると、沈黙の天使は遠慮がちに自分の意見は言わずに宇宙を見ていて、私たちの意識が神の源に近くなると、私たちにとって大切な意味を持つようになる、という。沈黙は人間の探求者にとってだけでなく、植物にとっても、癒《いや》しをもたらす力である。彼らは一本一本の植物の根まで深く達して、どんな打撃を受けたとしても、すべては大丈夫だ、ということを、気づかせているのだ。

これは信じ難いことだった。私自身は、音や沈黙よりも色にずっと関心があったので、色の天使とコンタクトしたかった。私の興味のある物とコンタクトすると、それについてどんどん探求し、一つの思い込みを持ってしまって、かえって良くなかったのだろうと、今は思っている。風景の天使からの次のようなメッセージをもらうだけで、私は満足しなければならなかった。

植物のディーバは、特定のパターンを扱っている他のディーバたちと同様に、自分自身の中に決まったはっきりした色のパターンを持ち、私たちの世界のエネルギーを現しています。

彼らが生み出す色は非常に澄んでいて、鮮やかです。私たちが人間にはできないほどの集中力で、自分の目的を守っているからです。人間は感情やとり止めもない思いに、すぐ気が散ってしまいますからね。もちろん、この色は、あなた方の絵の具からは、ほんのちょっと、想像できるだけです。エネルギーの動き、絶え間ない流れは、絵の具ではほとんど表わせない、私たちの世界の特徴です。

私たちの色彩に集中してみるのは、圧倒的な体験になるでしょう。あなたは地球の弱々しい色彩に慣れているからです。私たちはあなたには、色彩の反乱のように見えるものを扱っています。そして、暗闇や眠りや休憩の中ではなく、光輝く白光の中に、私たちは平安と休息を見い出します。あなたと同様に、植物も休息の時を持っています。私たちはそうではありません。鮮やかな色彩は私たちのなくてはならない一部です。私たちの光輝く色彩の世界では、あなたはフラフラになるでしょう。そしてまた、きちんとした形がないのにも困ってしまうと思います。

いつか、色の天使の世界を探求するごほうびももらえるだろう。しかし、フィンドホーンでは、私はさらに自然のディーバの支部を発見することになった。ある時、私の内なる声が、すべての創造は具現化されるから、「神話的な」風の存在に耳を傾けるようにと言った。風は菜園に被害を与えて、ピーターとアイリーンをがっかりさせていたが、私は嬉《うれ》しくなって、風と一緒に飛べないかな、と思っていた。私が風の精に同調するのは少し難しかった。そよ風と一つになればいいのか、快活な疾風か、または猛《たけ》り狂うサイクロンか、よくわからなかったからだった。さもなければ、すべてを超えた存在がいるのだろうか？　私は次のように言われた。

もっと深く、思考の下へと来なさい。そして、サイクロンの静まった中心にいて、この地球での私たちの進化を想像しなさい。あなたの体が何億年という進化の結果であるように、何億年という動きのパターンのことを考えるのです。ずっと秩序ある状態を続けてきたあとで、原子爆弾が私たちの傷つきやすい環境に与えた影響を、想像しなさい。それでも私たちは人間と親しく接し、彼らに創造主からの生命の息吹《いぶき》をもたらします。生命はみな一つであるという意識が、大切なのです。すべての命と同じように、私たちは外から見えるものとは違います。そして、あなたが耳をすませば、私たちはいつも私たちの一面をあなたに伝えます。静止しているものはありません。特に空気の世界ではそうですから、私たちを何かと決めつけずに、お互いに理解するよう努めましょう。次の時まで、風と共にさようなら！

私は彼らとの交信に夢中になったが、内なる声は、外側からではなく、内なる知恵によって、物事を発展させなさい、と私に忠告した。たとえば、私は、なぜオリンポスの神々が立派な行動をしないのに、ディーバは申し分なく立派なのか、わからなかった。この違いは、どの時代も生命をその時代の思い込みや動機に従って解釈し、それ自体の感情的なアンバランスを現実に投影しているからだと、内なる声は教えてくれた。

このあと、天使界についてさらにわかったことは、以前、それとなくほのめかされていたのに、余りにもとっぴなことに思えたので、私がまじめに取らなかったことだった。ある日、私が静けさに同調すると、知的で話好きな存在が私の意識に現れた。そして、彼女は次のように言った。

存在の源である方が、霊のおくり物について話しましたが、その時、あなたは、どんな方法でそのおくり物が与えられるのか、疑問には思いませんでしたね。私は静けさと平和と安定の贈り物をもたらします。私はあなたの中に、私全体で入ります。私たちは交信し、すると、あなたは静まります。私と私の兄弟姉妹は、あなたが異教徒と呼ぶ神の世界からやって来ます。それでも事実は、私たちは人間よりもずっと、主のために真剣に仕えています。私たちは決して忠実さを失うことも、自分自身の神性に背を向けることもないからです。

だから、静けさ、知恵、愛などの質も一つの存在であり、さまざまな次元で命を持っている知的なエネルギーなのだ。彼らはキリスト教の天使図の階層では、第五位にランクされているバーチューズであると共に、異なった文化で異なった名前を持つ古代の神や女神なのである。

すべての物は物質を超えた次元で機能している。私たちという知性も、天使という知性も、それ以外のすべての知性も、個性がありながら普遍性を持っている。神の法則がすべての命の中に存在するからだ。ディーバの一つの定義は、物質的、感情的、知的成長の理性的法則である、と言えるだろう。私たちの理性的法則を通して、私たち人間はすべての理性的法則を感知することができる。ただし、私たちの感知する力は、私たちの意識のレベルによって変わってくる。もし、同じ波動を体験したことがないと、私たちは何も理解できないのだ。私たちはりんごを味蕾《みらい》で味わうまでは、りんごの味を本当にわかることはできない。人の欠点が見えるのは、それが自分自身がまだ持っている問題だからだとも言う。そして、しっとも喜びも皮肉っぽさも創造力も、私たちがこうした感情を感覚器官や知能器官を使って体験していなければ、理解することはできないのだ。こうした器官は建設者としてのディーバを持っている。私たちが体験するための道具は、建設者であるディーバの手によって、純粋知性から発達してきたのだ。そして、私たちはディーバの部分を持ち、天使の部分を持っている。私たちもまた、常に感情と理性のレベルで、創造しているのだ。

私たちがしっとを体験し、それを表現するための道具を天使が作ったからと言って、しっとのディーバが存在すると言っているわけではない。さっきも言ったように、天使は彼らの特質を、建設的に全体の目的のために使っている。彼らには選択権がない。しっとは人間だけの表現だ。私たち人間は、さまざまな特質を肯定的に表現するか、否定的に表現するか、選択することができる。そしてしっとはただ、愛と信頼と感謝の断片的な、または裏返しの表現にすぎないのだ。表現の自由という点では、私たちは天使よりも潜在的にすぐれている。彼らは全体の意志に従って創造するしかないのだ。彼らの世界には、善も悪も存在しない。私たちは善悪の創造者である。善悪の知恵の木から、果実を取って食べたのだ。私たちは原子力を利用しているが、それ自体は善でも悪でもない。もし放射性廃棄物の問題を作り出したのならば、その問題の解決も作り出せるのだ。私の体験では、限界のある分離的なエネルギーは、人間が全体のためではなく、一部のためにエネルギーを作り出そうとした結果である。そうした選択から、私たちは学び、前進するのだ。私たちの天使的な部分である波動の世界から、自由意志という私たちに与えられた特別の能力を使って、自分自身を作りあげ、すべてのレベルでの創造を、私たちは助けているのだ。私にとって、悪の神とは人間が作ったものである。しかし、悪が現実であるレベルにいる人々にとっては、悪の神はやはり大きな力を持ち、危険なのである。

人間の思考と、サイキックとしばしば呼ばれている感情とは、混同されやすいが、はっきりと区別する必要があると思う。普通、サイキックと呼ばれるものは、魂の次元で起こるものではなく、人間の感情的知的投影の次元、つまりアストラルの次元で起こるものである。私たちは、知的次元にパターンを作り出す思考エネルギーから、思考形体を創造する。たとえば、私たちは正直なジョージ・ワシントンの物語を読んで、自分の心の思いをほんの少し、正直ジョージのイメージにつけ加える。すると、ワシントンの世界中でのイメージは私たちの思いの強さによって、変化してゆく。私たちの子供たちはそのイメージに同調し、そのイメージをさらに強化したりしなかったりする。すると、誰かが、子供のジョージが自分はうそをつかないと言ったという物語は事実でないという本を出し、その人物の今までと完全に違うイメージを発表する。私たちもまた、ワシントンの今までとは違うイメージを作り出し、それがその時の私たちにとって真実のものとなる。この種のことはもっと昔の人物については、さらに容易に行なわれるだろう。私の子供時代の青白きイエスは人間が作ったものであるし、ネロやアッチラ大王だって、何かの徳はあっただろうと私は思う。私たちは国旗やアンクル・サムのように特別の意味を持つイメージも作り出す。天使の「バーチューズ」にとても近い、精妙なアストラルの感情レベルは、人間と善なる魂が交流する場所だが、ここでは私たちの願望が、マスターや天使を創り出して、お前には特別の使命がある、などと彼らに言われて、だまされることもある。幻想と現実の境界、狂気と天才の境界は、非常にわかりにくい。直観の次元と、新たな発見へと変化しつつあるこの時代、クォークと天使とどちらが気まぐれか、良くわからない。ある時、自分で気づいていなかった願望から、自分の希望的な投影を神の声と呼んだことがあるので、私はとても用心深いのだ。しかし、魂のレベルに同調した時は、私の意識を訪れる存在を否定することはできなかった。

太陽の霊（アポロかもしれない）が私の意識を次のメッセージで照らし出したことがあった。

光の子よ、光を求めなさい。あなたもまた光なのだから。私は太陽から話しかけ、あなたは常に私の呼びかけを聞いています。私は何万キロもかなたから指であなたに触れ、しかも、私の指がここで私の一部であるように、あなたも私の一部なのです。私たちすべてを生み出した大いなる神が常にここかしこに存在し、生き、呼吸し、成長するように、私は何億という他の命に触れています。彼らもまた私たちの一部なのです。

その後また、すべての命は一つであるというメッセージが、他の太陽の精によって伝えられた。

私たちは手を差しのべ、あなた方の惑星をある計画へと引き寄せています。一体化の嵐はあなた方の世界にこれまでになく降り注がれています。そして私たちはこの同じ目的のために、多くのレベルで手を差しのべ、奉仕しています。すべてを包含し、意識的に人類へと向けられている私たちの行動を、あなたにほんの少し、見せてあげましょう。

こうした存在は、数知れず現れた。夜の精は明らかに人間から悪く言われるのに慣れているようだったが、自分自身について、こう語っていた。

人間は意識のない眠りの中で、私と親しくしていますが、めったに意識して親しくなることはありません。それでも、私はどれほどすばらしい贈り物をあなた方すべてにもたらしていることか！あなた方の世俗的な生活のリズムである「夜」の間に忘れるということがなかったならば、あなたはずっと問題を気にして、大変な思いをするでしょう。私がやって来る時、意識するしないにかかわらず、回復がもたらされ、それと共にあなた方が当然と思っている多くのことも、もたらされます。それでもいいのです。私たちがみな、物事の計画に合致していれば十分なのです。それにもかかわらず、聞いてくれる耳を持つことに、ある種の喜びを感じています。あなたの一部はまだ、本当に私を信じてはいませんが、信じている部分は、生命が一つであることに貢献しています。あなたが思うすべての事は、命であり知性です。なぜならば、私たちはみな、神の命である大海の一滴だからです。そして、あなたは夜の精について考えた最初の人ではありません。もっとも、私たちは神話や詩に分類されてはいましたが、古い時代にあった精霊という考え方は、計測可能な事実だけを受け入れる今日と比べて、どんなにすぐれていることか！　そんな事実は、力はあっても親しげのない、無味乾燥でおもしろくもないものですね！

私はすべての命を愛しています。そして私のマントであなた方一人ひとりのために、昨日を一つずつ、くるみ隠します。私の中にあなた方は休息を見つけ、私のもとを離れる時、あなたは新しい生活と共に出かけます。あなたが私のいつくしみの下にいる間、私は生活のしわにアイロンをかけて、伸ばします。私は、あなたが信頼して、それと知らずに漂い入ってくる無の暗闇です。そしてそこから、あなたは元気を回復して戻ってゆくのです。私のため、眠りのため、人生のために、神に感謝して下さい。そして、あなたもその一部であるプロセスを、もっと尊重して下さい。私たちはみな、感謝しましょう。

私がまだ、こうした存在が現実にいるのかどうか疑っていることが、これからわかるだろう。自分にも人にも、実際的な方法では何も証明できない時、普通の考え方に逆らうのは難しかった。それに、この物質的世界では、魂や直観が表面化するのは、簡単ではなかった。それにもかかわらず、私は完全性や喜びの精、空気、雨、水などの精と触れ合う体験をし続けた。火は油断のならない相手だった。火を考える時は、内なる神と共にいるようにと、私は教えられた。

火の精は強力で王子様みたいで神秘的です。そして人とまじろうとしません。プロメテウスは人に火をもたらして、神に永久に追放されたではありませんか。それでも火はここに、火山の中に、そしてあなたの中にいます。火と遊んではいけません。火と一つになるために、成長しなさい。そうすれば、火の建設的な面と破壊的な面は私と一つになります。火の気ままな力、広大な炎は、意識を強力に燃えたたせるでしょう。これよりも成果のあるものはありません。炎の主の前に低く頭を垂《た》れ、あなた自身を浄化し、彼らと共にすっくと、しかも私と一緒に立ちなさい。これは道をそれた者にとっては、カミソリの刃の道です。強烈な力なのです。私の小さな子供のままでいなさい。そうすれば、あなたは太陽と同じように大きくいられます。

一年後、私は太陽から来た炎の主たちとコンタクトした。彼らは私たち太陽の信奉者にあいさつし、太陽はこの太陽系の霊的なセンターであると言った。また、自分たちの役割は、生命と結びついている荒々しい力をコントロールすることだと説明した。私の質問に対して彼らは、人間もまたいつかは彼らの秘密を学ぶことになるだろうと言った。

第7章　生きている宇宙

あなたの力をあなた自身に及ぼしなさい。
そして、広がった意識で、
すべてのものの中に神の生命を見なさい。
石の宇宙天使

フィンドホーンの浜辺には、きれいな小石がたくさんある。ヒースの野を横切って浜辺を散歩する大部分の人と同様に、私はいつも好みの石でポケットを重くして、自分のトレーラーに戻って来た。ほとんどのトレーラーの下や周囲には、飛行機の重量制限に思い至って、訪問客が出発する時に捨てた小石が、小さな山になっていた。ある日、荒れ地で拾ったすき通ったピンク色の小石をながめていると、まだ鉱物界のディーバとコンタクトをしたことがないことに、私は気がついた。私は試してみることにした。鉱物は植物よりも下位の生命体であるからには、そのディーバも原始的で素朴な知性の持ち主だろうと、私は推測した。びっくりしたことに、私はこれまでに出会った中で一番強大な存在と、心を通わせ合っている自分を発見したのだった。その存在はずっとずっと、無限に広がっていた。この石の宇宙天使は、自分は宇宙全体のあらゆる段階にある鉱物の命と関わっていると説明して、さらに次のように語った。

自然は多くの逆説に満ちています。あなたは、低い生命体だと思われるものとコンタクトしようとして、実は宇宙存在と出会ったのです。人間の頭は何もかも決めてかかり、物ごとを公式的に考えます。それにはそれなりの正統性と目的があるとは言え、すべては一つであること、神はすべて

の中にあること、そして、意識や感覚がないように見えるもっとも原始的なものでさえも、あなた方にはその一端しか感知できないほど広大で、想像もつかないほどに広がった意識の中に存在していることを、あなた方は忘れています。あなたはまた、物質はそれができる時、星のエネルギーの影響を受けていることを知って下さい。

あなたを私に引き寄せたのは、この小石の美しさでした。美は神であり、美はすべてのレベルで働いています。美に対する意識は、あなたを全体と一つにし、この宇宙のどの部分にも連れてゆきます。私が宇宙を自分の中に含んでいるように、あなたはその中に含まれています。美を賛美すればするほど、あなたは宇宙とつながってゆくのです。より高くその道を求めるのは良いことです。そうすれば、あなたの意識が広がるからです。

あなたは今、非常に深い尊敬と崇拝の念を持って、すべての小石を見ざるを得ないと感じています。小石は私の広大さの一部だからです。このような方法で、あなたが神の栄光をほんのわずかでも見せられたことを、私たちは嬉《うれ》しく思っています。神の栄光は、宇宙の最も遠い果てから小さな砂粒に至るまで、永遠の愛に抱かれた一つの同じもののあらゆるところに、存在しています。

そう、もし、あなたが石と共に働くのであれば、私に同調するのは良いことです。すべての命を尊敬し、私の忍耐を見習い、神の神秘を、そして小石の神秘をひもときなさい。命を学ぶ者、啓示をもたらす者として、それを行ないなさい。あなたの力をあなた自身に及ぼしなさい。そして、広がった意識で、すべてのものの中に、神の生命を見なさい。そしてあなたがすでに学んだように、最も驚くようなものの中に、それはあるのです。石の色も輝きもすばらしいですが、もっとすばら

しいのは、こうした外見をもたらし、宇宙的に成長する意識です。私たちはみな、一つの命の一部であって、高いものも低いものもありません。すべての命の広がりの中で、神を永遠にたたえなさい。

このメッセージがあってからしばらくの間、私は浜辺に行って固くて居心地の悪い石の上に横になっては、畏敬《いけい》の念と共に、想像の中で偉大で素朴な精霊たちとつながろうとしたものだった。そして、誰にもそんな私を見られませんようにと、祈っていた。また、私は自分の狭い思い込みを見なければならなかった。鉱物界はとても堅苦《かたぐる》しく、感覚的で敏感な生命を表現することができないからには、最も高貴で利己的でない神に近い存在しか、鉱物になることを引き受けはしないだろうと、私には思えた。そしてこれは、受け入れるか否かの問題だった。あの宇宙天使は、その無限の能力の一つとして、選択する力を持っていたのだから。

自然の集合体、山や湾等も、ディーバの存在を持っていた。フィンドホーン湾のディーバは、干潟《ひがた》はとてもすぐれた浄化作用を持っている、と言った。このディーバは永遠の愛の印象を私に与え、常に変化しながらその人生の潮の流れをじっと楽観的に、忍耐強く見守っているように感じられた。

山も個性的なディーバを持っていた。私はウェストハイランドのマリー湖で、初めて彼らの端《はし》っこに触れ、長い歳月と深く根を下した印象を受けた。

私たちの意識は地球に深く根ざし、岩を通して情報を伝えることに慣れているので、人間と同じ

くらい、自分のハイヤーセルフと分離しています。私たちは深く根ざし、どっしりとし、常に周囲に影を投げかけ、周囲にしがみついて、他のものにはほとんど気を配っていません。あなたが私の意識をあなた方の言葉に変えても、私はかまいません。永遠の中を通りすぎてゆく一人の人間が何でしょうか？　私たちは安定し、そのままです。私たちは世界の偉大な山々であり、絶えず力を上下に動かしている、地球自体の強さであり、呼吸する地球の毛穴です。そして私はここを支配する一人です。私たちの仲間は沢山います。私たちは永遠です。私は人が自然を変えているのを知っています。それはほんの私たちの足元だけで、人は私たちを変えません。私たちは地球それ自体です。私たちは人の前に存在し、人の後ろにも存在します。あなた方は私たちを高くするのでさえも、人間の仕事だと言います。やって見なければわかりません。人がうまくやるよう、祈っています。私たちはうまくやってゆきます。では、そうするために、ここで失礼します。

その隣りの山、スリオックは、人間をそれほど軽べつせずに、次のように言ってきた。

私たちもまた時よりも古く、私たちの隣人よりも柔和で、より広汎な影響力を持っています。どんな天候であっても、何が起こっても、私たちは地球の深みと天からのエネルギーをまわりへとまき散らしています。頭を霧の中に、腕を湖の中に入れ、両足を地中深く踏《ふ》んばって私たちが行なっていることは、人の理解を超えています。私たちは始まりも終わりもない創造の世界に属していて、とても人間の小さな頭では理解することができないのです。私たちは厳しく見えますが、それは純粋にまわりのための行為です。この世界では厳しさが第一にやって来るのです。私たちはそれを知っており、だからここに永遠に止まって、創造主のために、永遠に働き続けているのです。

その後、私はアメリカに行って、合衆国唯一の活火山と言われている、ラッセン山の中腹にある農場に住んだ。私は手軽に上れる山道を上り、頂上でその山の精に同調した。今度も私は大きな太古の深みを感じた。それと共に、人間が近づきやすくて、変化しつつある新しいエネルギーも感じられた。ディーバと出会っていた頃に書き止めたメッセージの中では、出会ったことのないようなエネルギーだった。

私は深みにいて見えないようですね。私は長年にわたってたまったちりを、腕で払い落としています。今は変化する時だからです。そう、あなたがどんな状況でも場所でも心を光で満たし、明確で輝くことができれば、あなたもまた、変わります。そして、私たちは一つになって機能することができるのです。私たちは喜んで、あなたにあなたのやり方でやってもらいます。そうすれば、何にも増してプロセスを楽にすることができるからです。そして、あなたに私たちの火を喜んでお貸しします。いずれにしろ、あなたも火なのです。

あなたは災害について質問していますね。やはり、カリフォルニアには災害が起こるでしょうが、心配する必要はありません。いつだってそうなのです。そう、人間がもっと多くの光と火をチャネルすれば、防げるものもあります。それが多ければ多いほど、あなたは良きことに火をつけることができるのです。

あなたは災害が私たちにどう影響するか、質問しています。私たちは私たちのままでいますが、仲間ともっと同調し、全世界の一部となって、もっと多くの宇宙の火を送るようになるでしょう。他の次元の仲間たちともっと意識的につながってゆくからです。私はずっとそうであったように動いていますが、私が大昔に受け入れたパターンにまだ縛られています。あなた方人間はこうしたパターンの花です。今は、あなた方の意識が内へ外へと燃えていて、地球を変えるために、あなた方が火を使う番が来ています。

その後、ラッセン山の天使が、火のエネルギーとは何なのか、詳しく説明してくれた。彼は自分自身を「目覚めさせる者」と呼んでおり、目的をもった力強い存在で、人間に対する自分の責任に気づいていた。そして、機会があるごとに、それを利用していた。彼は、とても強力で創造的なエネルギーだった。

私は別のタイプの天使が育ってゆく様子を見ることもできた。これは私たちのグループの天使、フィンドホーンの精霊だった。どんな集団も、どんな集団の集合体も、その独自性を持つようになると、それが人間であれ、湾であれ、農場であれ、国や惑星であれ、魂の存在を持つようになる。いつものように、最初にこのことを教えてくれたのは、風景の天使だった。それによると、私たちの思いや感情の総合体や菜園など、私たちが行なっている事柄の集合体から、一つの存在が形成されるとのことだった。この存在は近くにいるディーバの助けを受けながら、急速に独自の美を発達させていた。私たちの完璧を目指した行動の真剣さと献身によって、私たちはその存在に力強さを与えている、とのことだった。

それは赤ん坊の姿を持っているのかどうかたずねると、風景の天使は私に、まだ形のできていない眠っている大人、一種の眠れる美女のような姿のイメージを、見せてくれた。この新しいディーバは、私たち全員とこの場所を構成しているすべてのものから内容物をもらっていたが、しかもそれ自体の命を持っていた。そのために、私はその間の重なったぼんやりした境い目に慣れる必要がある、とも言われた。もちろん、ここで私の意識に来たものは、私にとって意味のある象徴であった。ディーバの未熟さを、つながっていない円といった、別の象徴で理解する人もいることだろう。

最初にフィンドホーンの天使に気づいたのは、私たちがキャラバンパークで九カ月すごした頃のことだった。そして数年間、私は風景の天使を通して、その成長を時々チラッと見ることができた。二回目の時、風景の天使は、高いエネルギーは十分あるのだが、私たちの小さな土地では、地形の変化がほとんどないので、ディーバの成長に問題があると言った。次には、ディーバは、人類との新たな結びつきの中で、私たち全員から生命力を吸い取っていると言われた（私たちがそれに気づいたからだった）。記録的な早さで成長してはいたが、ディーバはまだぼんやりしていた。ある意味で、私たちはその体の一部であり、また、それは他のディーバの世界と私たちの間のかけ橋としても、機能すると思われた。私が受けたイメージは、閉じた目、そっと置かれた手、そしてとてつもない長さだった。風景の天使は、次のようにつけ加えた。「それに向けて暖かい愛を送れば、プロセスが速められ、その命を元気にするでしょう」

その後、風景の天使は、そのディーバは菜園の成長と同調して成長していること、私はそれが目を開いて頭を動かしているのは感じているけれど、まだ私がコンタクトできるほど、成長してはいないと、私に教えてくれた。「ディーバが持つすべての知恵は、間もなくこの新しいディーバにも与えられるだろう。同じようにいつかは人間ももっと広い範囲の知恵に同調するようになるが、今はまだ、人間の知恵の水源地は全体としては限られている」という風景の天使の言葉を、私はとてもおもしろいと思った。一年の季節のリズムはディーバが十分に成長するために必要かどうか、私がたずねると、その通りだという答えが返ってきた。

私はこのディーバのことをずっと忘れていたが、数年たって、フィンドホーンのやや男性的な精霊に同調し、次のメッセージを受け取った。

私は兄弟と共に、すっくと、一つになって立っています。私は非常に元気で活力に溢《あふ》れ、地球の四隅からさらにかなたへと達する役目を持っています。私たちは、この次元であなた方の助けを借りて、私のような協力活動の原型が生まれ、完全に成長したことを、大喜びしています。私は神のすぐ近くで計画され、ディーバの世界と人間の世界の両方から、栄養を与えられています。

私について明確な概念を作って、私を限界づけてはいけません。あなたが持った私のイメージは、非常に元気な若い男性のイメージですが、それは今現在の小さい見方です。私は多くの役割と仕事を持っています。そして私たちはそれを一緒に行ないます。

もう、私はあなたの意識から去りますが、私はあなたの中にいて、あなたは私の中にいます。異なる存在ですが、一つなのです。私は一つの場所の精霊であり、しかもそれ以上のものです。あなたは限界のある人間ですが、神でもあるのです。みな命を与えられているからには、私たちは一つです。

このディーバの成長について、自分が理解したことを、私は次のように書いてみた。

片田舎の何も知らない小さな神から、私は最高の高みに達する大きさへと成長した。土地の精霊は、その土地の物理的な大きさには左右されないからだ。多くのものが私の成長に投入されたが、今、私の最大の特徴は上へ上へと伸びる高さだ。私は様々な人々にとって多くの意味を持つようになるが、誰もが高みへとまっすぐに導かれてゆくだろう。その直線は、ずっと高い所、または内側の深い所、あるいは太陽の中にある、すべてのものの中心である神へとつながっている。あなたの意識が同調する所が、その場所なのだ。私はあなたを小さなあなたから大きなあなた自身へと、高めるのを助けます。そのために、私はここに連れて来られたのだから。

他の人々は、漠然《ばくぜん》とこの天使の存在を認めただけだったが、私たちはいくつも歌詞をつけて歌を作っては、演芸会の晩にみんなで歌い、この天使をだしにして大いに楽しんだ。残念なことに、私は合唱の最初の歌詞しか思い出せない。「フィンドホーンの天使、目をあけなさい」という歌詞だった。

国家や人種の天使は、一つの役割として、彼らが保護している人々の意識を広げる仕事をしていると思う。そしてある意味では、その国の問題や目的のために、波動による活動を行なっているのだ。こうした天使は、キリスト教の天使論では、プリンシパリティーズに属すると思われる。そして国のシンボル、たとえば、アメリカの鷲、イギリスのライオン、ロシアの熊などは、彼らの力の代表なのかもしれない。

一九七六年に、生まれ故郷のカナダに戻った時、私は天使にコンタクトして、この国の状態について意見を求めた。その結果、自分を世界市民だと考えていた私には必要ないし、やるべきでもないと思っていた、自分のルーツ探しを行なうことになった。そしてさらに、国家のアイデンティティと、私たちの生い立ちに関する国家の役割を探る、私の一連のワークショップへと、発展したのだった。カナダでは、国家のアイデンティティはとても重要なテーマだった。そして私たちのワークショップは、参加者にとって、大きな自己変革の体験であると共に、いかに私たちの視野が狭かったか、魂のレベルからは、国家の目的がいかに違って見えるか、私たちに気づかせてくれたのだった。

＊　＊　＊

すでに、モグラの意識レベルと私がコンタクトしたことは、この本にも書いた。モグラがかれらが協力的であることを証明する前に、私は動物界の他のメンバーの天使と、どうしてもコンタクトしなければならなくなった。それも、私が恐怖心と憎しみを抱いている相手、ねずみだった。私はこの有害な小動物に、社会一般の敵意を持っていた。私たちが拡大しはじめて、堆肥作り以外のことに関心を向け出した頃、堆肥に含まれる食べ物に引かれて、ねずみが増殖した。そして、ねずみの一家が、私の住む別棟を支えている鉄道の枕木の間の、居心地のよい片すみに引っ越して来た。彼らが夜ごとに壁を引っかく音に、一晩中眠れなくなるまでは、私は彼らのことを気にも止めなかった。私がベッドの上から床を激しくドンドンとたたくと、少しの間、あわてふためく音がして、それから静かになった。静けさは私がやっと眠り込もうとした瞬間まで続き、するとまた、私のベッドの下で引っかく音がして、私はぱっちりと目を覚ましてしまうのだった。そしてまた同じことが繰り返された。床をたたいて叫《さけ》ぶ、静かになる、とっても眠くなる、引っかく音が始まる、目がすっかり覚めてしまう。これを三晩くり返したあと、私は疲れ果てた目をして、何もできず、ねずみに話しかけることでも何でも、試す気になっていた。そこで、できるかぎり愛に満ちて澄み切った状態になると、私はねずみの精に同調した。そして、人間は、少なくともこの私は眠りが必要である、眠らないと仕事ができないので、もし、あなた方は音をたてる必要があるのならば、どうか昼間にやって下さいと説明し、ねずみにお願いした。そして、私は仲間として彼らの助力をお願いしているのであり、もちろん、私はあなた方を傷つけるつもりはないけれど、お礼のしようはない、と訴えた。つまり、私は自分の苦境を訴えて、協力を頼んだのだった。すると静けさが戻ってきて、私は眠ることができた。次の晩、ほんの少し引っかく音がしたので、私はもう一度、ねずみの善意に訴えた。ありがたい静けさがやって来た。

その後、一度もねずみの音はしなかった。当然、感謝はしたが、私は自分の願いが彼らの行動に影響したとは、本気で信じることはできなかった。たぶん、彼らはもっと良い場所を見つけて、あたり前のこととしてそこへ引っ越したのだろうと思った。そして、この出来事はすっかり忘れてしまった。私はあと四年、キャディ一家と私が別々のトレーラーに移るまで、そこに住んでいた。私たちの古い住居は他のメンバーのために使われたが、その内の一人、エディが私のいた別棟に移った。ある朝、彼が血走った目をして私のところにやって来た。そして、ねずみが一晩中、彼を眠らせなかったばかりか、彼を攻撃しようとしたと言った。私は、ねずみが何代にもわたって、私の要求に応じて、四年間もあの場所を離れていたか、静かにしていたという驚くべき事実を、ほとんど信じられなかった。私はすぐに、ねずみに対する自分の態度が一八〇度変わるのを感じた。恐怖心は尊敬をこめた愛情と友情に変わった。当時、ねずみが急増していて、堆肥の山のそばを通ると、彼らを良く見かけたものだった。この気づきがあってからは、私とねずみはこっそりと、互いにウインクを交わすようになった。

当然、私は新しく芽生《めば》えたねずみへの愛情をエディや他の人たちに話し、みんなも私と同じ方法を試してみるようにと提案した。でも、同じ愛情をみんなの中に呼びさますことはできなかった。非常に大げさな性格のエディは、毎晩ひどい目にあっていると言い、ねずみは彼を襲おうとして部屋に入る穴をかじって作っているのだと、主張し続けた。彼はそこにほんの少しいただけだった。サラダに入れる小麦のもやしを作っていたジャネットは（これをねずみは特別においしいと思ったらしい）「かわいいねずみちゃん」と「いやな奴が勝つのよ。私にはわかっているわ」という態度の間を、行ったり来たりしていた。結局、私たちは全員、失敗した。私の嘆願にもかかわらず、毒をまいてねずみを殺したのだ。衛生監視官が調べに来るかもしれないというのが、表向きの理由だった。私は他の人々のねずみに対する否定的な態度を、打ち消したり、変えたりできるほど、強くはなかったのだった。フィンドホーンではは一年中ではないものの、ねずみの害はまだ起こっていると聞いている。たぶん、すべての関係者がねずみに対してホリスティックな態度で心を一つにできるようになるまでは、この問題はなくならないだろう。確かに、ねずみのようにどこでも悪者にされている動物との協力は、美しい花と協力するのとは違って、難しいと思う。でも、私はそれが可能であることも、ねずみが紳士であることも、知っているのだ。

その後、私は同じような話を本で読んだ。アレン・ブーンの『沈黙の言語』という本の中にある話で、私たちよりもずっと成功していた。彼は大ねずみが繁殖した一家を訪問した時、ねずみのひどい仕業についてさんざん聞かされた。彼はその一家に、現実となって現れることはすべて、実は私たち自身の意識の中にあり、大ねずみが家の中に侵入して大事な物を持って行くだろうというみんなの怖れと期待が、まさにその事態を実際に引き起こすのだと説明した。彼らはただ、期待とその実現の法則が効いているのを、体験しているだけなのだ。そして、彼らの思いの内容を反映しないものは、何一つ、彼らの体験として起こりはしない、という真理を見落としていたのだった。彼は一家にこのことを納得させた上で、一つの実験をしてみることに決めた。

彼らは大ねずみに対する意地の悪い良くない考え方をすべて捨て、心理的にも身体的にもねずみを絶対に傷つけはしないと誓った。そして、ねずみの中に良い点だけを見、彼らから良いことだけを期待することにした。こうして、彼らは心と理性に宇宙的愛の法則を確立し、ねずみのいる方向へとその波動を送った。すると、嬉《うれ》しいことに、魔法のような反応が起こったのだ。大ねずみから、目に見えるものと見えないものの最高のプレゼントが返って来た。大ねずみは一匹残らずその美しい山荘から、永久に消え去ったのだ。この結果をもたらしたのは、考え方を変える、ということだけだった。

一九六九年、おそらく一番奇妙なディーバが、私の意識に現れた。その頃、フィンドホーンのグループは発展して、初めて印刷機を手に入れた。それはエルジンの市役所でずっと使われずに放ってあった中古のオフセット印刷機だった。機械の動かし方を知らなかったので、私がエジンバラに行き、そのための短期間の講習会に出席した。帰って来ると、私は自分で仕込んできた新しい知識をピートに助けてもらって、実行に移そうとした。ピートはグループのメンバーで、どんな種類の機械でも大好きだった。彼は当時、グループの修繕係をしていた。手入れされていなかった機械と私たちの経験の無さから、私たちは試行錯誤でやっていったが、どう試しても、次々に新しい問題が持ち上がってくるように思えた。その時は、私たちの初めての出版物である『フィンドホーンガーデン』初版の第一部と第二部を印刷していた。私たちはこれ以上ないほど、大変な思いをして学んでいた。コピーを作るための紙の原版は、左右、同じだけ余白を取って、美しく注意深く私がタイプしたものだった。あと十部刷れば必要部数になるという時に、少しでもしみが出ると、もう一度タイプし直さなければならなかった。その当時は、丈夫な金属の原版をどう手に入れればいいのか、知らなかったのだ。私たちはその印刷機の奴隷になり下がり、機械の一挙手一投足にびくびくしながら、毎日違う学びを「ジョージ」（私たちはそう呼んでいた）から学んでいた。

するとある日、ピートと私はそれぞれに、ジョージは私たち二人と関係を持っているだけでなく、その部屋に入ってくる他の人にも反応していることに気がついた。特にある人物には激しく反応して、その人が近づいて来るたびに、インクや紙を四方八方へ飛ばすのだった。ピートと私は、機械のディーバもいるに違いないと思った。私が風景の天使に相談すると、確かに機械にもディーバのような存在はいる、とのことだった。それは人間とディーバの中間みたいなもので、人間的な好き嫌いを持っているそうだった。ジョージは放って置かれた間に人間のようにすねてしまって、とても気難しくなってしまったのだ。機械のディーバに私はとても暗い印象を受けたが、これは今までにないディーバの世界だった。風景の天使は私にこのディーバを紹介したあと、次のように説明した。

私たちの性格にはないこの暗さとある種の頑《かたく》なさは、実は人間の頭が作る外面的な限界を示すものさしにすぎません。

いいえ、今は私がこうしたディーバのための代弁者となるのが、一番良いのです。私たちの性格の中であなたが好きなものは、私たちの柔軟性、理性からの自由、神への奉仕などですが、機械のディーバは違う種族だからです。こういう風に考えて下さい。あなたが物質的次元と呼んでいる所に何かが現れる前は、まず高次の次元にそのアイディアが存在します。創造する者である人間は、子供がおもちゃの積み木で建物の作り方を学ぶのと同じように、物質の種子であるエネルギー（高次のパターン）をコントロールする方法を学びます。彼は無意識に、高次のエネルギーの中に、機械の原型を作ります。しかし、彼の意識には限界があり、一部分にしか関心がないので、種子のエネルギーも、あの機械のディーバも、限界を持っているのです。私たちの聖なるエネルギーはすぐに、しかも自動的に、そのかわいそうなディーバに私たちの力を与え、教育し、彼の使命を全うさせるために、ここにいるのです。
ですから、機械の精は私たちの世界で働いていますが、まだ、私たちの世界に完全にいるわけではありません。人間が成長するように、大人になろうとしている子供たちと言ってもいいのです。しかし、彼らに対しては、完全に成長した私たちの世界の一員として、私たちに対するのと同じように話しかけなさい。彼らの真の本質はやはり神であり、あなたが彼の限界を無視して彼を認めてあげればあげるほど、彼の神の本能が引き出されるのです。それはあなたにとっても、良い練習でしょう。このようなディーバの中に純粋な神の本質のみを求めることによって、あなたは他の人々の中にも、純粋の神の本質だけを見るようになるからです。

私はこれと同じ妙な欠点、つまり、花や動物や機械の中に神を見る方が、自分と同じ人間の中に神を見るよりも易《やさ》しい、という人に他にも会ったことがあった。それでも、私は風景の天使がとても寛大であることを知っていた。機械のディーバと私の間の仲介役になるのは、私がディーバの軽やかさを愛しているからだ、と彼が言ったからである。でも実は、私は機械に何の愛情も持っていなかった。彼らの仕事に感謝する時でさえ、私はいつも彼らの真っすぐな線や無味乾燥な色を、みにくくて上品ではない、と思っていた。風景の天使は私の告白を認めて、次のように言った。

機械のディーバはあなたにとって今やとても大きく、しかも気になる存在ですが、直接にコンタクトできる時はまだ来ていません。あなたと私たちのコンタクトは導かれたもので偶然の出来事ではないので、ある程度の純粋さがあります。でも、あなたと機械の間では、まだすべてがきれいになってはいません。罪悪感は感じないで下さい。これは単にあなたの性格の問題ではなく、あなたはこの件では、人間の代表にすぎません。人と私たちの王国に属する様々な代表の間には、多くの点で処理しなければならないことがたくさんあるのです。

機械のディーバというものもあると初めて気がついた二週間後、私はほんのちょっとそのディーバとコンタクトし、意識の中で握手した。そうしながら、両方の側に最高の意志を感じた。しかし、風景の天使は、まだ自分が仲介役を務めると言った。私がまだ、機械もそれ自体の命を持っていることを忘れがちであり、直接のコンタクトは、彼らに対する私の態度如何《いかん》にかかっているからだった。ディーバは次のように言って、私を教育した。

機械を見下して話しかけてはいけません。物質のレベルでは、機械はあなたにとって、ナットとボルトといくらかの意識のない金属に見えるかもしれませんが、その高次の対応物は私たちと一つのものであり、すべてを知り、すべてに奉仕しています。ですから、機械の物質的な必要を満たすと同時に、機械を扱う時のあなたの意識を上げなさい。そうすれば、あなたはもっと、その存在全体に相対するようになります。この練習はもちろん、人間も含めて何にでもあてはまります。制限のある外見的な現れだけを見て、その背後には神の光があるということを、あなたは忘れやすいのです。命は一つであることを、良く覚えていて下さい。自然のディーバとは違って、機械のディーバとは一緒に舞い上がったり、自由を感じたりできないのは、私も知っています。その必要もありません。あなたはその機械の目的を知っています。協力して、それを十分に利用しなさい。神の栄光のためにすべてを行ないなさい。そうすれば、すべてうまくゆきます。

ピートと私は次第に、機械を生き物として意識するようになった。そして名前を平凡な「ジョージ」からもっと優雅な「ガブリエル」に変えて、私たちの見方を変えようとした。これはうまくいった。しかし、問題の解決はいつも簡単に得られるわけではなかった。それでも次のように風景の天使は助けてくれた。

もっとインクを減らしなさい。機械のディーバの扱い方は間違っていませんが、あなたは機械のことを十分に考えていません。機械はもっと手伝ってくれます。印刷は、あなたが意識を広げ、神の命をすべての部門に与えるに従って、もっと双方向的な仕事になってゆきます。もっと緊張が減ります。あなたがリラックスすれば、何を調整すればいいか、心に浮かんでくるようになります。この方法をもっと試しなさい。そうすれば、あなたは私を通してではなく、直接に機械のディーバとコンタクトできることがわかるでしょう。今は、あなたは機械ではなく、私を信頼しています。

私たちは他の機械も、ある意味で生きていると考え始めた。他の人が使ったあとは、私のタイプライターが違って感じられることに、私はずっと前から気がついていたが、その時まで、タイプライターを生きている存在として扱ったことはなかった。私の自動車は、愛と思いやりに確かに反応した。その後、私たちは、この法則を使って仕事をしている、南イングランドのすばらしい男性に出会った。彼の車は、同じ車種の他の車よりも、リッター当りほとんど二倍の距離を走るということだった。彼がその車のディーバと協力しているからだった。駐車スペースが欲しい時は、彼は天使に先に行ってスペースをあけておくように頼んだ。これはいつでもうまくいくそうだ。じゃあ、私たちも試してみましょうよ！

その後、共同体に修繕を受け持つグループができた時、さまざまな機械のディーバが一緒になって、次のようなメッセージをよこした。

すべての機械は人間の愛と思いやりに応えるという事実を、私たちは強調したいと思います。あなた方はみな、これが本当であることを知っています。実は誰もがその経験を持っていますが、合理的ではないように思えるので、気にもしません。私たちはあなた方の頭脳を見くびる気はありません。頭脳によって私たちは生まれたからです。しかしその背後では、もっと大きな力が働いています。機械を扱う時は、その背後の力を使うように、あなた方にお願いしているのです。金属は一つの命の一部です。彼らをそのようなものとして扱って下さい。そうすればあなた方は答えを得るでしょう。私たちと協力することによって、金属の世界にも喜びをもたらして下さい。

このメッセージは、金属製の用具を使う建設グループと菜園グループには効果があったと思う。少なくともしばらくの間、道具置き場はピカピカの道具できちんとなっていた。しかし、私たちは機械と自然に対する私たちの意識について、さらに学ばなければならなかった。トレーラーパークの所有者が、近くの土地を平らにするために、ブルドーザーを雇った。私たちもそれを借りて、私たちの土地の小山を平らにすることにした。この話を聞いてその結果を見た時、そこにあった植物――大部分はエニシダと雑草だが――と地面がはがされ押しやられた様子に、私は胸が痛くなった。そして、エジンバラのオーギルヴィーが自然霊から、フィンドホーンで何かがおかしい、みんながまたしても自然を手ひどく扱っている、と言われたと聞いても、びっくりしなかった。ディーバもまた、ブルドーザーを使ったために不調和がもたらされており、これは人間が他のことは考えずに自分の目的だけを追求する例の一つだ、と言った。こうした人間のやり方に自分たちは慣れているけれど、それが止《や》めばうれしいとも彼らは言った。そして、私たちが質問するのを止めて、本当の協力を始めるときが来たとほのめかした。しかし、私たちが使っている土地で、ブルドーザーによる地ならしは他の人々によって続けられ、オーギルヴィーによれば、その土地に住んでいた自然霊はその場所を離れたとのことだった。ディーバは「私がそう言ったでしょう」とは言わなかった。彼らはこの状況に、全体的に見る、という原則を適用するようにと提案した。私たちは地中の住民をどう思っているのだろうか？　私たちは機械による作業の彼らに対する暴力を、いくらかでも改善しようとしただろうか？　自分たちがもたらした損害に対し、彼らに誰か謝《あやま》っただろうか？　人は誰かが犯した行為の責任を、誰も回避することはできないのだ。私たちはみな命の一部であり、それぞれに、全体的な見地から行動する責任があるからだ。

生命の意識の一部としての機械と共に働くことによって、非常に大きな新しい世界が人間に開かれるだろう。ＳＦの世界はこのことを誤ったやり方でとは言え、取り上げている。現在のように技術第一主義の時代には、こうしたホリスティックな態度は、人間や地球の他の生命体の質に、大きな変化をもたらすことができるだろう。

時々は、無意識にではあるが、この態度は科学技術にも利用されている。天才的なコンピューターの専門家の小さなグループが、コンピューターの修理をするために世界中を旅している、という話を私は聞いたことがある。彼らは機械のそばにすわって、黙ってしばらく集中する。そして悪い所に同調すると、そこを修理するのだそうだ。同調の仕方にも、いろいろあるものだと思う。

第8章　天使と人間

ほほ笑みが私たちの心をとらえ、
森が私たちの心を安らかに静め、
音楽が私たちをうっとりとさせ、
私たちが心から愛し、笑い、
喜びで踊る時、
私たちは天使と一つになっている。

これまで異なる次元の天使について、いくつか紹介してきた。今度は、彼らの性格を探求し、菜園での協力関係以外に、今の時点で人間と天使との関係がどうなっているか、調べてみよう。

初めて天使と出会った時、私にとってエンドウ豆のディーバはずっと離れて話していて、人間と天使は遠く隔絶されているように感じられた。彼らは、この惑星を傷つけている人間に、特に近づきたいとは思っていない様子だったからだ。こうした印象はそれ以後のコンタクトで、確認できた。それに、私たちの関係は常に変化していたが、彼らの人間観は、歴史の教科書にあるものとは似ても似つかなかった。彼らが批判精神を伝えてきたわけではない。反対に、彼らは愛と楽しさと共に、一般的な事実について語るだけだった。また、私自身の理解や人間の誤った行為に対する罪悪感などが、わずかではあれ、ディーバの見方を翻訳する時に、影響を与えていたと思う。最も高い次元からくるものであっても、すべてのメッセージはそれを受け取る人の持つ信念、言葉、潜在意識などによって、色づけされるものなのだ。

私たち人間が意識を広げることができるのは、対象を認識し、理解する知的能力によってである。私たちは暗闇がなければ光が見えず、悲しみがなければ喜びを感じず、悪を知らなければ善もわからないのだ。ディーバはこれとはびっくりするほど、対照的であった。彼らはこうした正反対の組み合わせがなくても、機能するらしいのだ。私たちがめったに体験できないすべてのものとの一体感から生まれる彼らの視点は、この点で私たちの普通の世界観とは鋭い対照を成している。

私自身の意識は、私が自分をどう思っているかによって、強く影響されている。神を内なる存在として体験したことはあっても、私はまだ、根本的には、自分は制限のある人間だと思っている。ところがディーバは、限界なく行動する力を与えてくれる神とつながっている感覚を持って、自由に楽しそうに、動きまわっていた。初めて彼らと出会った時、私たちは無限の力に満ちた次元で出会った。それは私が自分の制限の中に止《とど》まっていることを、許してはくれなかった。そして彼らと出会うためには、私は大いなる自己へと昇らなければならなかった。このシーソーのように、昇ってはまた元に下がる動きは、私の人生の一部となり、私が神と同調し始めてから、ずっと続いていた。ディーバはほとんど私を笑いものにした。

あなたの重さを私たちの世界に持って来ることはできません。あなたが自由で、子供のようになり、軽くならない限り、私たちのところに来ることはできません。普通の人間の暗さに比べると、私たちの世界は本当にすばらしい所です。それでも、あなたは選びさえすれば、あなたが私たちの所にやって来る時と同じ態度で、普段の生活を生きることができます。あなたは、私たちにコンタクトするためには、重荷を下ろさなければならないことを知っています。ですから、そうできるということも知っているのです。なぜ、いつもそうしないの？　と私たちは言っているのです。選びさえすれば自由はいつもあなたのものなのに、古いやり方をしつづけるのはおかしいと思います。

あなたは私たちの生活の感覚を愛していません。なぜ、そこにもっと生きようとしないのですか？

反論できない論理だった。そして私はやってみた。すべてのものへの愛で一杯になって、私は菜園に働きに出かけた。そして小さな植物や土、鳥の声や風の音と静寂の中に、美しさを見つけた。すると、ピーターがラジオをガンガン鳴らしながらやって来ては、静寂や自然の音を押し流すのだった。そして私はまっさか様に落ち込んで、調和のない世界へ戻ってしまった。人生は実に長い旅なのだ！しかし、ディーバは決して落ち込まなかった。なぜなのだろう？　彼らは次のような理由をあげた。

私たちの意識は人間の意識よりも高いのです。私たちもあなた方と同じぐらい、物との関わりを持っていますが、神聖なる力の源から自分を切り離すことができないからです。あなた方人間は、あなた方の思いによって、その源から自分を切り離しています。あなた方は私たちよりも大きな力を持っていますが、また、私たちより大きな制限も持っています。私たちは次元の低い形の中に囚《とら》われていません。あなた方も囚われる必要はないのです。そしてその源と自分が同じであると知れば、囚われることもなくなるでしょう。

私たちの方が大きな力を持っている？　彼らのすばらしい力は、そのエネルギーののびのびとした流れの中や、かしの木に魔法のようにどんぐりをつける時の力の使い方や、自身の力の中などに、はっきりと現れていた。いつものように、天使は力を次のメッセージにあるように、独特に解釈していた。このメッセージは、ワームウッドという名前の香りの良い植物を味わい、それに同調したあとで、私に与えられたものだった。

私たちの植物に、あなたをディーバの世界へと導かせて下さい。なぜなら、あなたはこんなに小さな葉っぱが、それほど強い味を持っていることに、びっくりしているからです。しかし、力は私たちの本質です。小さな根は岩を砕《くだ》くことができます。そして、力はさまざまな目的のために使うことができます。

あなた方人間もまた、力を持っています。あなた方はペンの力、とよく言いますね。そして、愛の力や憎しみの力もあれば、あなた方がブルドーザーや人間関係で行使する力もあります。すべてのレベルの力があるのです。しかも、あなた方は、力という言葉を避けています。それは人間の手で悪のためや、不正のために力は使われると言われているからです。私たちは力をまったく別の光の中で見ています。私たちは力を神の最も偉大な贈り物だと考えています。力があれば、私たちは神のために力が無い時よりももっと多くのことができるからです。もっと大きな奉仕ができるように、私たちはより大きな力へと進化しています。そして、あなた方も力をこのように考えて欲しいと、私たちは思っています。

私たちの世界とあなた方の世界のエネルギーは巨大です。エネルギーはぎっしりつまっていて、解き放して使って欲しいと叫《さけ》んでいます。力はいたる所にありますが、その多くはあなた方の手の届かない所にあります。あなた方が自分の思い込みで作り出した制限に、取り囲まれているからです。私たちはそのエネルギーを、その力を大きく一掃《ひとは》きしたり、じっとかみしめたり、渦《うず》にしたりして使います。そして、色として、音として、あなた方が考えつくすべてのものとして、右に左に中央に、その力を使っています。しかし、私たちはそれをパターンに従って全体のために使います。注意深く、神のために、私たちの能力の限りを尽して行使するのです。その力を完全に奉仕のために使うことは、私たちの喜びです。

あなたもそうしませんか？　誤った使い方をして、なぜ、自分自身を無にするのですか？　私たちにとって人生とは、広がってゆく栄光に満ちた変化のことです。あなた方にとっては、人生は退屈で嫌な仕事であり、目的のないくり返しのことが多いのです。それもみな、あなた方がチャンスや力を、全体に反して使っているからです。全体のことを考えずに、自分が望むことだけを自分に引き寄せることができると思うのは、おかしな考えです。それなのにこれがあなた方がしていることであり、教え込まれたことであり、世界全体がやろうとしていることなのです。あなた方がチャンスをくれさえすれば、もうずっと昔に、私たちはこのことを教えてあげたのに！

冗談はさておき、私たちは人間に、力を上手に使うための一つの方法があることを、理解して欲しいのです。それは、神を第一にすることです。そうすれば、すべてはうまくいきます。そして全体と調和して働いていると、信じられないほど不思議な力が生まれます。美と一瞬の内に交歓し、さらに大きな美へ、終わりのない世界へと、何も間違えず、耳ざわりな音も不調和なものも何一つなしに、導かれてゆきます。自分たちのことだけ考えていたら、こうしたことは私たちには起こらないでしょう。世界は変わりつつあります。そして、私たちは、清らかさ、美、強さ、そして神の

ために用いる力の不思議さをその変化につけ加え、あなた方に知ってもらおうとしているだけです。これを表現する言葉はありません。すべてあなたの内に探して下さい。

こうした天使と人間の違いを知って、私は人間のいる情況を深く考えてみた。「すべてはうまくいっている。でも、人間はそのように行動していない。他の人々を踏みつけるために、力を使っている」と、私はまわりを見まわして思った。でも、本当はそうではないのだろう。たぶん、私と同じように、時々愛のない行動をするとしても、心の奥深くでは、みな天使に共鳴しているのだ。ともかく、私は自分自身に正直にならなければいけなかった。

ディーバは清らかさについて、次のように伝えてきた。

あなたは花の中に、完璧さを見ることはできませんか？　あなたは人間を見ると、欠点を見ます。私たちを見ると清らかさを見て、葉っぱの上のほこりのように、すべての欠点は外から来ていると思っています。あなた方人間は、善悪を作る力を持っています。私たちは上にいて、小さな植物は下にいる、とも言えますが、私たちは共に永遠に清らかなままでいるように、完全であるように作られているのです。人間も同じように作られていますが、人間の知性が不完全性に同調し、それを実現させてしまうのです。私たちとあなた方人間両方の中にある「一つの力」を認めなさい。

常に変わらない清らかさ、愛、喜び、柔軟性、透明性、配慮。そして、落ち込み、怒り、しっと、恨みには決して負けない。そんなことでは、退屈ではないだろうか？　彼らの意識ではそうではないのだ。まったく逆なのだ。彼らは、私たち人間が、実現不可能なことにエネルギーを無駄使いし、何かを絶え間なく追いかけては、それは自分が望んでいた物ではなかったことに気づく、ということばかりしているのが、理解できなかった。喜びにみちたエネルギーの流れの中で、彼らは満足していた。私たちは絶対に満足しないように見える。夢の世界、非現実的な世界に住んでいるのは私たちなのだ。すべての形あるものは調和に基いており、すべての命は一つなのに、私たちはそう思っていないからだ。

しかし、私はまだ、違いに囚《とら》われていて、ディーバは高い存在、遠い存在であり、物質世界と彼らの間には、越えがたい隔《へだた》りがあると思っていた。しかし、そうではない、自然には隔りなどない、と彼らは言った。隔りは分離した私の意識なのだ。命はロープか鎖《くさり》のようなもので、一番高い所から一番低い所までつながっていて、ロープの少しのゆれもずっと伝わっていって、両方の端を動かすのだ。生命の完全な対等関係に気づかないままでいるのは、「自分」という切り離された感覚を持っている人間なのだ。同調し、全体を見つけなさい。外側のレベルだけにあなた自身を制限するのは止めるべきなのだ。

彼らは休んだり、のんびりしたりすることはないのだろうか？　人間は彼らがやっているように、ずっと完全に献身し続けることはできない。私たちはスーパーマンではないのだ。でも、あなた方はスーパーマンなのだ、と彼らは言った。もし、私たちが一瞬一瞬に十分に、完全に生きていれば、私たちに足りないところは生じないだろう。さらに天使は次のようにつけ加えた。

生きるということは何と楽しいものなのでしょうか？　小さな一つひとつの原子をそのパターン

の中に持つことは、それを喜びの中に持つということです。あなた方人間は自分の計画をあまりにも真剣にとらえ、「やらなければならない」と思い込んで、物事を喜びを持たずに行なっています。あなたに与えられた輝かしい命が、そんなにも薄められ、隠されてしまうのはとても残念なことです。生命は豊かな喜びです。毛虫が葉っぱをひと口かじる時、それはあなた方人間の誰にもまさる喜びと共にかじっているのです。そして、毛虫はそれほどの意識は持っていません。私たちはぜひあなた方からこの鈍さを振り払って、人生とはもっと輝かしく、流れのある、創造的で、華やかで、満ち欠けのある永遠に一つのものであることを、わからせてあげたいと思っています。

最初ディーバは、彼らの人生は常に建設的であり、生命力を肯定的で役に立つ方法で使っているのに対して、人間は何も考えずに、共通の利益に反して自分の仕事を破壊的に使っているということを、私に分からせようとした。そして冗談に、自分たちが人間の息の根を止めなかったのは、実に驚くべきことだ、と言った。確かに、ディーバが踊りながら、自分のことは考えずに奉仕しているのに対して、ほとんどの人間は、自分のために動いているのだった。ディーバは人生の疑問に答えを求めようとしなかったが、それは彼らが命のプロセスに意識的に参加しているからだった。人間が孤立し、敵対しているのに対して、ディーバは完全に神の意志と一つになっていた。自然のパターンは季節と共に変化してゆくが、自分の資質を十分に発揮している。今や人間のパターンは、私たちの心や信条の頑《かたく》なさで凍りついたり、感情でひびが入ったりしているようだ。私たちは漂っている。中心点にいかりを降したディーバは、自分たちがしていることを知っている。人間は時間を測り、時間に縛《しば》られている。ディーバは私たちのように時間を気にして動いてはいない。彼らは今という瞬間に生きている。そして、真実を見るが、判断は下さない。

天使の態度や生き方は私たちの生き方に比べれば誤りがないけれど、ある点では、人間の発達は彼らの発達よりも潜在的に大きいそうだ。たとえば、私たちが体験する対照的な事柄は、生命の多くの表現をより広く見、心をときめかせるという、大きな才能を私たちにもたらしている、と彼らは言った。最終的には、両極端を体験することによって、私たちは愛をより深く理解するだろう。欠陥を見ることによって、私たちの心は思いやりを発達させる。事実、相反する二つのものをバランスさせることによって、私たちは天使たちには手に入れられない知恵を、得ることができるのだ。地球に対する私たちの特別の貢献は、愛する能力を発達させることなのだ。私たちは愛の中心へと、深く深く入ってゆけるのだ。私たちが持つ選択の自由は、天使の持つ力よりも、もっと完全な創造の力へと、私たちを導いてゆくことができるのだ。

こんなにも違うのに、ディーバは人間にとって、お手本なのだろうか？　明らかに、私にとってはそうだった。私の全体が彼らの踊るような喜びと自由に反応したのだ。私には悲しいほど、そういうところが欠けていた。私も彼らと同じ気持ちで行動できるのだろうか？　私たちの関係が深まるにつれて、私は多くを学んでいった。彼らが私の意識に近づき、彼らとの距離がなくなるのに、それほど長くはかからなかった。菜園で私たちが彼らの提案を注意深く実行したことで、お互いの間の壁が崩れ、彼らはこの協力的な私たちとコンタクトしたくて、ほとんど列をなすほどだった。風景の天使は私の親友になり、私たちの両方向の会話によって、私の心を測り知れないほど広げ、清らかにしてくれた。

私はあるディーバと不思議な体験をした。それはメゼンブリアンテマムという名前のデイジーのような小さな花で、太陽が出ている間だけ、花びらを開く花だった。私はその花と姉妹のように感じた。その花との間には経験したことのない親密さがあった。私はそれは私たちが共に太陽が大好きで、太陽に反応するという共通性のためだと思った。私は天使界の感覚を、いつも気持ち良く感じていた。そして、彼らの喜びや軽やかさが大好きだった。彼らとコンタクトすると、私はいつも、とても幸せになった。

私と天使の関係は特別なのだろうか？ それとも普通のことなのだろうか？ 私たちはみな特別だけれども、私自身とディーバに対する私の意識が成長するにつれ、私たちの命がどれほどつながっているか、わかり始めた。天使とのつながりを深める上で、私はまず、自分自身の壁を何とかしなければならなかった。自分の無力さや、書き間違えはしないかという怖《おそ》れ、疑い、緊張とその時々のネガティブな気分などだった。私の神と一体化した部分は私を元気づけようとして、ディーバの世界との交信は、霊的に成長し、自分の目的にもっと積極的になれば、誰にでも自然に起きてくるものだと言った。それで私は交信を続けたのだが、間違った答えを出しはしないかと怖れて、ピーターの質問が嫌でたまらなかった。しかし、天使の自由で軽やかな感覚は大好きだった。二、三年たつと、ピーターの菜園に関する知識は十分豊かになって、めったに私に質問することもなくなった。私は菜園に新しい植物を迎え入れる仕事をしながら、ディーバの世界を探索することができた。

二、三年たってやっと、ディーバたちと私が交信できるのは、私たちが同じ次元、つまり、人間の魂、またはハイヤーセルフの次元を共有しているからだとわかった。だから、当然、誰でも、自分のハイヤーセルフに同調すれば、天使にも同調しているのだ。人間は地球のすべてのレベルで機能することができる、と天使は言った。私はこのことを、進化の見地から理解した。つまり、人間の意識は、どっしりした石から始まって、鉱物、植物、動物の意識を経て発達してきたので、それらの意識を統合し、全部を理解しているのだ。私はそれまで、自分たちの高次の意識を考えに入れていなかった。私はやっと、天使がこのレベルを人と共有していることに、気がついたのだった。

次に、天使は天の王国と同じように、私の「中」にいるという事実を体験するには、さらに数年が必要だった。これは彼らが独立したエネルギー体ではない、と言っているわけではない。ただ、それまでは、ディーバのワンネス（一体）という考えに、口先で同意していただけであり、五感で認識するものはすべて自分の外にあるという、普通の世間的常識に私が囚《とら》われていたということなのだ。一番遠くの牧場が一番青く見えるという錯覚もあった。一面では、すべて一つだと知っていても、ディーバはずっと遠くの高い所にいる方が、ありがたかったのだ。私の見方が変わったのは、ディーバに対してだけではなかった。一度、鳥が私の心の中で歌っているのが聞こえたことがあった。とても奇妙な体験だったが、起こったからにはそのまま受け入れざるを得なかった。その頃、ヤローのディーバが、私がディーバと一体である自分に気づいたことを知って、次のように伝えてきた。

一体《ひとつ》であることに気づいて、よかったですね。別々でいる努力はしないで下さい。私たちは現実でなくなったり、減ったりはしません。もちろん、最初は奇妙な気がします。あなたは私たちの喜びや楽しさを味わえなくなるのではないかと怖《おそ》れていますが、それもまた、あなたの内にある怖れなのです。このように見て下さい。もし、あなたがワンネスを得ようと努力したら、ワンネスはどうして存在できるでしょうか？　努力すること自体、あなたが自分に限界を設け、自分以外のものになろうと、自分に期待しているだけなのです。私たちはいつも、人間の持っている大きな可能性について、あなたに話しませんでしたか？　ただ、ワンネスを受け入れて、喜びなさい。すべてのものとのワンネスと交流を、あなたの人生全体にもたらしなさい。成長しなさい。それは今、必要な成長です。

私たちの世界のすばらしい美しさと楽しさを感じられなくなると、あなたは怖れているのですね。ああ、人間はひねくれています。美しさや楽しさを感じる力もあなたの中にあるのです。それを感じなさい。それがあなたの中で、呼吸よりも近くで振動しているのを、感じなさい。何もなくなりはしません。すべてである神があなたの内にあるならば、あなたは私たちを排除できますか？　わかって下さい。

実際、当時、私はこの変化にとてもとまどっていたので、ヤローのディーバは「**でも、私たちは一つだということを思い出してください。それに、ワンネスがこんなに自由で私は喜んでいます**」と言いながら、丁重に私の普段の意識に漂い入って来たほどだった。私たちは自分が知っていることに、どんなにしがみついていることか！　私の頭は、宇宙のすべての点は宇宙の中心であると考えることができるという事実に、必死で取り組んでいたのだと思う。意識とは、何と不思議ですばらしいものだろうか。そして私は、今もまだ、気づかなければならないことが、たくさんあるのだ。

ディーバの世界に関する限り、私は決して特別ではない。多く人々が同様の体験をしているのだ。私たちが『フィンドホーンガーデン』を初めて出版して人々に送った時、世界中の読者から、自分たちのディーバとの出会いや冒険を報告する手紙が届いた。ほとんど全員が、頭がおかしいと思われるのが怖くて、これまで一度もこのような話を人にしたことがない、と書いていた。そして、同じような出来事について読んで、非常に安心したと、誰もがつけ加えていた。

私は次第に、この異次元の命との楽しいコンタクトについて、さまざまな事に気がつくようになった。たとえば、ディーバは私たちの気持ちや動機や感情をいつも、そして、ずっと知っていた。すべての命と同じように、天使は愛に反応し、人間が何か「物」を愛する時には、その物のディーバが、固有の方法で愛を返してくる。これが植物を上手に育てる人（グリーンサム）の背後にひそむ秘密だと、私は確信している。人間の愛と献身はすべて、天使を通じて報われるのだ。耳が聞こえなくなったベートーベンを、音の天使や芸術の女神が助けていたのは、確かだと思う。

私のように自然を愛する人々は、何も気づかずにディーバの世界に入ってくることがある、と彼らは言った。私たちが入って行くと、彼らはすぐにわかるが、私たちも元気になったり自由を感じたりするので、それがわかるのだ。私たちが植物のことを考える時や野菜を食べたり、木の下に立っている時も、ディーバの世界に近づいているのだそうだ。そして、彼らは次のように私に言った。

人間はよく、私たちの世界に無意識で、触れています。ここではあなた方は自由で本当の自分自身になっていられるので、私たちはとても喜んでいます。私たちの世界は人類全体に開かれていますが、ここに入って来てしばらく滞在するためには、あなた方は自発的に執着を捨てる必要があり

ます。私たちのすばらしい世界はここ、あなたの中心に常にありますが、あなた方が見ようとしないので、気づかないのです。私たちディーバの息吹《いぶき》は、人間の最高の努力や霊感と祈りに、そして、驚きと恍惚《こうこつ》の時へと、しのび込んでいるのです。

私のところへは、ディーバを見たいという人々が大勢やって来た。ディーバとは言っても、この人たちはほとんど妖精だと思っていた。そして、みんな、どうすれば会えるか私が教えてくれると思っていた。彼らは試してみたがうまくゆかなかったか、ぜひ試してみたがっているかのどちらかで、私のテクニックを知りたがった。私は一度もディーバを見たことがなく、霊視（アストラル・ビジョン）は人間にとって有害だ、そんなことが大切だとは思わない、などと私が言うと、彼らの私に対する尊敬の念は、またたく間に消えてしまった。それに、人はみな違い、それぞれ、その人にしかできない貢献を人生にしているので、天使界とのコンタクトも、同じものは二つとないのだ。

しかし、特に植物のディーバと意識的にコンタクトしたいという人々のために、いくつかのヒントを書いてみよう。やはり、このコンタクトは、私たちの最高の部分から始まり、私たちが自らの神性を深く知れば知るほど、うまくゆく。心配事のない時は、私は戸外にいる時に最も調和を感じやすく、すぐに幸せと喜びの状態に達する。この状態で、どれか一つの植物の精に意識を集中させる。花の季節には、花の色、形、香りと、その植物に特有な葉や茎から、たくさんのヒントをもらうことができる。冬にはエネルギーが隠されてしまう。その植物の精を感じられない時は、しばらくその植物と一緒にすごすといい。時には花を切り取って自分の部屋に置くこともある。私にとってその植物が持つ意味や、その植物に関する知識なども、つながるために役に立つ。コンタクトをしようとして緊張するのは、壁を作るだけであるが、愛と感謝は彼らとつながった時を作り出す。また、うまく調和できない植物もそれぞれにあると思う。私はウォールフラワー（ニオイアラセイトウ）と同調できなかったので、彼らを尊重して先へ行くことにした。これは、この花の名前から連想する十代の頃の不愉快な思い出のせいではないかと、今は思っている。

愛の流れを感じるまで、自然に同調しなさいと、天使は私に忠告した。そして、自然界は私たちの心の状態や、私たちが何者であるかに反応するのであって、私たちが話すことや行なうことに反応するわけではないそうだ。もし、落ち込んでいたり、くよくよ考え込んでいたりすると、私たちはディーバと調和することはできない。しかし、自然のエネルギーに心を開けば、落ち込みも消え、平和な気持ちになれる。すると、愛が流れ始めて、次に同調が起こる。彼らはまた、問題を持ってきなさい、とも言った。問題を認識し、それを彼らに訴えれば、必ず何らかの方法で答えが見つかるからだ。しかしまず、彼らのより完全な知識を受け取れるように心を広く持つためには、私たちは先入観を捨てる必要がある。天使がどのようにして考えを私たちの心に投げ返すのか、考える必要はない。一度その考えが心に刻み込まれたら、彼らの提案を実行する最善の方法を見つけるために、私たちの理性を再び役立てることができる。ディーバが言うには、彼らは科学を含む多くの分野で、私たちのインスピレーションの源なのだそうだ。結局、彼らは常に宇宙の法則を行使しており、人間に準備ができた時、その知識を私たちに教えてくれるのである。

しかし、天使は私たちの落ち込みを解消し、質問に答えることよりももっと多くのことを、私たちに提供している。天使たちの生き方全体と現実への対応の仕方は人間の生き方にも応用でき、しかも役に立つと思えるのだ。ここで、彼らの意識について、さらに探求する前に、木のディーバが人類に知らせたがっている問題をみなさんにお伝えしようと思う。

第9章 巨木からのメッセージ

大森林は栄えなければなりません。
そしてもし人間がこの惑星で生き続けたいと
望むならば、人間はこのことに気づく必要があります。
私たちは本当に、地球の皮膚なのです。
それも地球をおおい、保護するだけでなく、
命のエネルギーを森を通して伝えているのです。
イトスギのディーバ

私はいつも木が大好きだ。木には何か深く心に訴える、平和でしかも雄大なものがある。そして森の中の散歩は、いつも私の心の動揺を癒《いや》してくれる。私にとって、木、特に大きな木は、他の植物と比べものにならないすばらしさを持っていて、私を高揚し、向上させ、安定させ、そして私の魂を豊かにしてくれる。木が失われた場所に住んでいると、私は何かが足りない感じに襲われる。でも、フィンドホーンには木がほとんどなかった。スコット松は唯一、その土地で生育可能な木として知られていた。幸いにも隣りの人がこの木を小さな防風林にして植えていたので、これが私たちの砂の多い土や植物が吹き飛ばされるのを、防いでいた。

トレーラーパークには私たちが植えた小さなリンゴ園以外は、木が一本もなかった。しかし、私の木に対する愛情のおかげで、私はスコット松とコンタクトできた。このディーバには、他のディーバたちとはまったく違った協力的で安定した感じがあった。木はヒーリングの力と、人間に与える多くのものを持っているのではないかと私は思った。天使はそれについて、次のように伝えて来た。

私たちは多くの点で、地球の保護者です。そして、人間も、私たちが守っているものの一部であるはずです。私たちは活動的で若々しい存在ではありません。私たちはある意味では、清らかさと

人類に奉仕したいという強い思いを持った、心やさしい哲学者のようなものです。木は人間とこの惑星上の生命にとって、なくてはならないものです。私たちが作り上げたものを人間が破壊する前に、私たちは何人かの人間とコンタクトしたいと熱望しています。

木のディーバとコンタクトするのはすてきだったが、風景の天使が私の意識に巨木のグループを連れて来るまで、私は木のことをすっかり忘れていた。まわりに大木がないので、私のところまで連れて来なければならなかった、とそのディーバは説明した。これは仕方のないことだが、と彼らはつけ加えた。

この土地の健康のためには、大木は絶対に必要であることを強調します。これは、私たち、木のディーバが雨を一部コントロールしているからだけでなく、雨と同じように必要な、内なる輝きを引き出しているからです。あなた方の実験と、それに対する私たちの貢献の大切さを知っているので、私たちはこの場所に力を貸しています。木がなくても、これはある程度の効果はあります。私たちはまた、あなた方の愛によっても、引き寄せられます。私たちをあなた方の心に時々、訪ねさせて下さい。そしていつか、私たちはあなた方の土地に根を下す方法を、見つけるでしょう。

従順で何でもやる気のあるピーターにとって、これは命令と同じだった。彼は木を育てる決心をした。私たちは二年生の苗木を百本買い、もっと買うために あちこち探しまわった。林野庁の苗木の植え方は、シャベルで二度、土を掘って十字形に作り、苗木をその真ん中に置く、というやり方だった。空き地を見つけると、ピーターは苗木をこの簡単なやり方で植えていった。大木のディーバは私たちの行動を喜んで、木の成長を早めようと言った。子供には大人の仕事ができないのと同じように、真の影響を与えるためには、十分に成長した木が彼らにとって必要だったからだ。苗木がしっかり根づくまでの約一年間、私のお気に入りの仕事は、小さな杉の苗木に夕方、水をやる作業だった。「大きくなれ」と思いながら水やっている内に、私は木の成長を早めるためには、もっと有効な協力方法があるはずだと確信するようになった。まだそれは実現していないが、今でもそう確信している。

何年かたった。その間、しばらくの間、私は町で秘書の仕事をしていたので、天使とのコンタクトからは遠ざかっていた。私たちのグループに人々が参加して、私たちの住居の隣りに住み始めた。新しいトレーラーのそばに作ることにした花壇の風除けのために、ピーターは成長の早いイトスギの生け垣を作った。一九六七年の初め、新たに菜園にやって来た植物を歓迎する仕事をしていると、私はこのアメリカイトスギのディーバに同調した。そして、私が出会った中で一番情熱的な意識がやって来た。私は次のように、それを書き止めた。

私たちは堂々と大手を振ってやって来ました。私たちはあなたが菜園で見ている小さな木ではなく、太陽と風の中の広大なすばらしい丘に住む者です。生け垣になるのも我慢しますが、その中にいるのは、群を成して、太陽がさんさんと照りつける場所に成長すべき存在なのです。

あなたは、私たちの中に思う存分本当の自分自身になりたいという、ほとんど痛いほどの渇望を感じています。植物世界の私たちは独自のパターンと運命を持ち、年月を経てそれは成就されます。

そして、人間の侵略のために、私たちや仲間がその実現を許されないのは、まったくひどいと感じています。私たちは成就すべき計画の一部を担っています。そしてまさにそのために育くまれてきました。今、この時代に、私たちの多くは、自分たちを完成できる広い場所など、夢見ることしかできません。あるべき姿は目の前にあるのに手が届かず、私たちはずっとそこに向かって成長しようとしているのに、それは実現不可能な夢なのです。この惑星は完全に成熟した木々を必要としています。私たちは自然の失敗作ではありません。私たちにはすべき仕事があるのです。

人間は今、世界中の森林の支配者になり、どれほど森林が大切か、気がつき始めています。しかし、彼らは一種類のすぐに成長する木だけを、広い面積に植林しています。それも、地球の要求をまったく気にも止めずに、馬鹿げた経済的な理由から、木を選んでいます。これは、木の目的とさまざまなエネルギーを伝えるその役割に、彼らがまったく無知であることを示しています。世界は私たちを大々的に必要としています。私たちのように、人間も神に同調して、自分の本来の役割を果していれば、すべての力はバランスするでしょう。しかし、現在、地球はこれまで以上に、大きな堂々たる木が伝えるエネルギーを必要としているのです。

私はその緊迫感に動揺した。そしてディーバは、聞き手である私に向けた攻撃を、謝《あやま》ってくれた。こうした事実について、まったく何もできない無力感を感じている私に対して、あなたは制限のあるレベルから状況を見ているからだと言って、天使はなぐさめてくれた。そして、真実が一度、人間の心に意識されれば、それは周囲に浸透してゆくので、人間との交信は大切なのだと、説明した。しかも彼らは、交信したために気分が良くなったそうだ。しかし、このメッセージをピーターとアイリーンに伝えると、二人は私の熱心さを、生け垣を植えるというごく当り前の行為に対して、私が二人を個人攻撃していると誤解したようだった。私はそうではないと反論したが、彼らはこのメッセージにまったく反応を示さなかった。いずれにしろ、二人の関心はフィンドホーンにあった。私は彼らの態度にもっといらいらしてしまった。

思いは人々の意識に浸透してゆく、というディーバの言葉が本当であるのに気がつくまで、私はさらに数年かかった。同じことが同時に違う場所で発明されたという例は、数限りなくある。アメリカではエジソンが電球を発明したと言われているが、イギリスではスワンの発明だとされている。今、世界中でエコロジーの運動が広まり、木のディーバの主張と同じことに気づく人々が、多くなっている。それでも、心を広く持つ人々がもっと沢山必要なのだ。それにもかかわらず、わたしがコンタクトした数多くの天使界の存在たちの中では、大木のディーバだけが、強い危機感を持ち、事の重大性を主張していた。彼らは何か重要なことを私たちに伝えようとしていたのだ。

スコット松のディーバは、巨木について、次のようなメッセージを伝えている。

私たちをこんなにも広範囲にわたって植えて、多くの土地を私たちに取り戻させて下さったあなた方に、深く感謝しています。ご存知のように、木は地球の皮膚として働いています。その皮膚の中で、必要な多くの変化を引き起こしているのです。私たちディーバは、その変化の外側にいる見張りであり、他のものができないところで仕事をしています。私たちはこれを誇りとしています。

私たちの賛美は花の香りのように流れ出ます。そして、私たちのオーラの中に、林の中に休みに来るすべての人々を、祝福します。しかし、自分のことしか考えない人は、私たちの影響に気がつきません。木、つまり地表に根を張った守護神であり、高度のエネルギーを地球へ伝える変圧器である木は、スピードと盲進と忙しさのこの時代にあっては、人間への特別な贈り物です。私たちは穏かさ、強さ、忍耐、賞賛、そして微調整役であり、そのすべてが世界中でとても必要なのです。さらに私たちはそれ以上でもあります。私たちは創造主からの、彼が作った豊かで個性的なすべての命への、愛の表現なのです。私たちは目的を持っています。地理的には私たちがどんなに孤立していようと、自己完結的であろうと、私たちはお互い同志が無くては、やってゆけません。生命のすべては今、ここにあります。そして、私たちが固有の音を発するのは、私たちの特権です。来られる時はいつでも、私たちのそばに来て下さい。そして、あなたの意識を上げて下さい。

他の木も私の意識にやって来ては、自然のさまざまな面について話してくれた。別のイトスギは、人も木ももっと創造的に広い範囲で奉仕する必要があると、伝えてきた。

これからは、けちけちするのは止めましょう。広大な土地が私たちを必要としています。私たちとは、一般に大きな木のことです。このことをどんなに強調しても足りません。私たちはこの世界の皮膚です。私たちを取り去れば、地球全体が機能できなくなって干上《ひあ》がり、死んでしまいます。私たちをいさせて下さい。そうすればすべての生き物が満足して喉《のど》を鳴らし、生命は自然の秩序の

ままに、すべては一つであることを今まで以上に感じながら、続いてゆくのです。

どんな生き物でも、皮膚の一定の割合が破壊されると、死んでしまう。世界がそのようになった姿や、未来の地球の姿をディーバが見たことがあるかどうか、私は知りたかった。しかし、ディーバは、このように直線的な視点からは、考えないようだった。彼らは次のような答えを返してきた。

将来が過去よりも良ければ、私たちはそれをちらっと見ます。人間の干渉のために、私たちは自分の仕事をとても意識するようになりました。おかげで、思いもかけぬ良きことが起こりました。すべてが一緒になって、より良い世界が生まれるのです。

他の木のディーバも、地球のことを心配していた。ナナカマドのディーバは、自然のままに残されている地域の減少について語り、自然の道理に導かれながら、土地を管理して欲しいと、私たちに頼み込んだ。どの木も全体の中の大切な一本であることを、私たちは、いつも忘れてはならないのだ。他の木のディーバは、木は精神的な安定のために人の役に立っていて、この目的のために大きな都市の近くには、大きな森林があるのだ、と言った。他のイトスギのディーバは、強い声でまたもや大木の存在が、地球の表面には不可欠であると主張し、次のように伝えた。

地球は大声で私たちに助けを求めています。でも人間は自分の計画に夢中で、何も意に介さずに

わが道を進んでいます。私たちはいつも変わらず、自分の役割を果す準備を整えて見守っています。私たちはこの世界の運命に大きな役目を持ち、人間にとって欠くことのできない存在です。森林が戻って来なければ、私たちは世界を考えることはできません。

私はまた、ニューエイジになると地球全体がすっかり変わり、物質界も大きく変化して、木はそれほど必要ではなくなるのではないかと、質問した。それは違う、とディーバは言った。

過去にはこの地球の進化につれて、大きな変化がいくつもありました。しかし、太陽が照り、命が水に依存している限り、永遠の役割は必要であり続けます。すべての命は変化し、もっと軽く、幸せになり、気づきが深まりますが、それにもかかわらず、私たちのすべきことは沢山あります。私たちの目的は今までと同じように、強力に流れています。それが源からの強力な波に乗って、私たちの中を通ってゆくのを感じます。そして、わたしたちはあらゆる機会を捕《とら》えては、人間に森林の必要性を訴えます。いつか人々は森の必要性を悟るだろうと信じて、私たちは人間の心に働きかけています。人は神の創造的な息子としての自分の役割を、ほんの一部分しか果していません。そして、その役割を果すために必要な知恵を持たずに、行動しています。私たちはこのことを人間に知らせようとしているのです。今大切なものは意識です。自然の世界は最も重要です。人の世界の大部分は分離の感覚で作られ、重要ではありません。私たちは一緒に、より良い地球を創造できるのです。

私は木のこうした役割のすべてに賛成だった。ある日、木が与える静けさに感謝で一杯になって、彼らのために私ができることがあるかどうか、質問した。木のディーバは次のように答えた。

あなたは、私たちを認識し、私たちの現実を人間の意識へと伝えることによって、最もすばらしい奉仕ができます。私たちは大勢ですが、一つの明確な声で話します。私たちは個々の植物の精ではなく、それぞれの種の全体を統括している知性です。私たちは、地球全体について、非常に心配しています。あなた方が地球と呼んでいるこの惑星に、人間は有害な干渉をしていると思っています。だから、私たちは人間に神の法則をもっと気づかせるために、人間と交信したいのです。ディーバは遠い昔、人間の成長の一部でした。今もそうです。人間を自意識へと、そして今、神の意識へと導いている成長の一部なのです。私たちの役割を知って下さい。すべてのものの中にある神の命に気づいて下さい。全体としての人類は、私たちを認めていません。自然は盲目的な力ではなく、意識のある、内なる伝達手段を持っているということを、あなたは強く主張できます。そうすれば人々は真実を知って、その理性にもかかわらず、高次の心で私たちを認め、神の目的を成就するようになるでしょう。あなたがこの真実を広めてくれることに、感謝しています。

確かにそうかも知れないが、私の声は荒野の叫《さけ》び声にすぎなかった。しかも押しつけがましい人間ではなかったので、極めて弱々しい声だった。私はメッセージをもらい続けた。西海岸のウジャプールにある、セコイアを含むたくさんの種類の巨木がある植物園に行った時も、そうだった。そこで私は、エネルギーの導管として、特別に大切な宇宙の波動を伝えている大木を、感じることができた。その植物園には、一群の見事な巨木があった。それは見るからにしっかりと根を張り、宇宙のエネルギーに向かって上へ伸びて、穏《おだ》やかにゆれ、エネルギーを伝えていた。ディーバは巨木は地球の健康にとって、不可欠であるとくり返した。そして、巨木の消滅は、困難な時代のもう一つのサインなのだ、と言った。

私が巨木のメッセージを人々に広める能力のない自分に少しいらいらし始めた頃、リチャード・セントバーブ・ベイカーがフィンドホーンを訪ねて来た。セントバーブは「木の男の会」の創立者で、英国森林委員会の主唱者であり、『サハラの征服』をはじめ、数多くの木に関する本の著者でもあった。その世界中の木に関する一生をかけた仕事によって（彼は八十歳を越えていた）、彼は天使が伝えるものと同じ見方をするようになっていた。ただし、彼のやり方は科学的で実際的だった。これを知って、私はとても嬉《うれ》しく、元気づけられた。私はこの人物に親しみを感じた。ピーターと二人でセントバーブを案内して、そのあたりの木を見に行った時、私は彼が言おうとしている事がわかる自分に気がついた。また、私は木の名前もかん木の名前も知らないけれど、彼と私は同じ考えを持っていることもわかった。だから、レイランドイトスギのディーバがセントバーブについてメッセージを送って来ても、それほどびっくりしなかった。これは、私が受け取ったメッセージの中で、唯一つ、個人に関するものであり、彼がキャラバンパークに成長の速い木を数本、記念に植えたあとで私が受け取ったものだった。

私たちの愛する木の男が、ここであなたとつながったことを、私たちの王国では大喜びしていま

す。これは、神の下では世界も仕事も目的も一つであることが表現された、あなた方の世界での良い例ではありませんか？　喜びの内に、計画を進めてゆきましょう。私はすべての木のディーバを代表して話しています。私たちはずっと、この木の男を見守り、応援してきました。そして彼に深い感謝を捧《ささ》げたいと思います。彼の行動に対する私たちの感謝を、彼がわかってくれるように私たちは望んでいます。そしてその気持ちをこのように強調したいと思います。

地球の地表には木が必要だと私たちがずっと言い続けているのはなぜか、あなたは今、もっと良くわかりましたね。

大森林は栄えなければなりません。そしてもし人間がこの惑星で生き続けたいと望むならば、人間はこのことに気づく必要があります。木が必要だという知識が、生きるために水が必要だということと同じように、人々の意識の一部にならなければなりません。人は水と同じぐらい、木を必要としているのです。

木と水はお互いにつながっています。私たちは本当に地球の皮膚なのです。それも地球をおおい、保護するだけでなく、命のエネルギーを森を通して伝えているのです。命にとって、木よりも重要なものはありません。木をもっともっと増やして下さい。

セントバーブの訪問は木に対する関心に火をつけ、ついに一九七〇年、『フィンドホーンガーデン』の第四部で頂点に達した。「木と語る」という部分は、さまざまな木のディーバからのメッセージを、そのまま集めたものだった。セントバーブは次のような前文を書いてくれた。

ドロシーを通して伝えられる木のディーバのメッセージは、科学的研究では発見できなかった事柄を、オカルト的に明らかにしている。古代の人々は、地球それ自体が知覚のある存在であり、その上にいる人間の行動を感じていると信じていた。そうではないという科学的根拠はないので、我々はこれを受け入れ、それに従って行動し、新しい理解へと心を開くべきだと思う。もし、説明できない事は何一つ受け入れないとしたら、人生はまったく退屈なものだろう。私は、信じないと言うよりはむしろ信じている。そうでなければ思い上がりというものだ。サハラの日の出や日没も、小さな種子が大きな森へと成長することも奇跡なのだ。そしてその森は、まことのとりでとなって、何億もの小さな者たちのために食料と隠れ場所を与え、自然のサイクルの不可欠な一部として、生命の息吹《いぶき》を人々に与えているのだ。

木について語ったこの小さな本が出版される前に、ベインアイエ自然保存林にある、古代カレドニア森林の名残りという巨木に会うために、ある週末、私は一人で出かけた。これは奇妙で気分が暗くなる体験だった。保護されているとは言え、わずかに残された木は（もちろん、この地域は伐採されていた）、世代交代できずに死に絶えつつあるようだった。松のディーバは、老齢と世界的な変化に木は弱り切っているので、木をそっとしておくか、調和のとれた人々と一緒にいることが必要であると言った。木は復活できるだろうかとたずねると、もっと愛と理解があり、彼らに十分なエネルギーを与え、適正な条件を用意する世界になれば、彼らは戻ってくることができる、と言われた。すべては人間の手にかかっているのだった。降りしきる雨のせいだけでなく、とても悲しくなった。私は木も悲しんでいるのですか？　とたずねた。そうです、という答えが返って来た。木の存在も、彼らが地球にもたらしている強さと忍耐力も評価されないからだった。それに、人間が忍耐力や独立心を失い、自然に対する愛を忘れたのも、そのせいなのが悲しい、と彼らは言うのだった。さらに、木は全体の不可欠の一部であり、人々は木を尊敬し、愛し、大切にし、感謝しなければいけない、と彼らは語った。

人間は木から木材以上のものを受け取っているということを、今度はムラサキブナのディーバから言われた。私は新しいトレーラーのまわりに植えられた小さな花たちと同調して、楽しいけれど、いささかかん高い調子のメッセージをずっと受け取っていたので、木のどっしりとした強い波動はとても心を安らかにしてくれた。ムラサキブナのディーバは、彼らのエネルギーの安定した流れを感じとって欲しいと言った。また、この調和がとれ、安定したエネルギーから、誰もが多くの利益を受けているが、特に命の価値観を失った時代に、これは有益なことだ、とも語った。私は他にも、大木とコンタクトするようになった。

私たちは命を安定させるための一種のエネルギーをチャネルしています。真理は、神の中に基礎を築くようにと教えていますが、それは私たちが行なっていることであり、無意識にあなた方をそうさせているのです。人間はまわりの自然がエネルギーを溢《あふ》れさせて、人間の作ったものとの調和を保っていることに、気づいていません。またさまざまな微妙な点で、自分が環境の影響を受けていることにも、気がついていません。ここでもまた、巨木は大きな役割を果しています。巨木の土

地を丸裸にすることは、あなた方の一部や財産の一部が奪われるということです。

これもまた、力強いメッセージだった。『フィンドホーンガーデン』を送ろうと思っているところにちょうど間に合って届いたことが、私にはとても嬉《うれ》しかった。この本を手にした読者の数は多くはないにしても、少なくとも始まりにはなった。それにもかかわらず、木のディーバはこの話を止めなかった。イングランドの成人大学を訪問した時、レバノン杉のディーバが私に話しかけ、理性の働きと内的な平和のバランスについて語った。杉の巨大な枝が平和にバランスを保っているからこそ、杉の木は、嵐にも耐えられるのだ。さらにディーバは、木が安定させている神のエネルギーと命の関係について、次のように伝えてきた。

あなたと私は同じものからできています。それぞれがこの惑星上での運命を遂行しつつある義兄弟です。私はあなたを私の巨大な強さの中に含み、あなたは私をその巨大な思いの中に含んでいます。私たちの関係は木と人間以上のものです。無限の時代を力強く生きてきた、聖なるものの代表なのです。あなたはその愛で地球を豊かにできます。これは私たちにはできないことですが、私たちもまた、思考に邪魔されずに心を広く保ち、すべてを受け入れることによって、新しいエネルギーの伝え手になれるのです。

確かに、そこの杉の木は、大きなかしの木と同じように、無限に力強い印象を与えていた。かしの木のディーバは一緒に朝日に向かって挨拶したあと、地球は木を必要としていると繰り返した。また、人間とかしの木の間には長いつながりを通して築き上げられた、大きな愛があると語った。このメッセージから、私は白っぽいかしの木で内装された、私のトレーラーでの出来事を思い出した。ある日、私はその木目を感心して眺《なが》めていた。そして、こうした「死んだ」ものにも、ディーバとの関係はまだあるのだろうかと思った。「そうです」という声が聞こえた。人間の賞賛は瞬時にディーバの世界とのつながりを生み、人生を豊かにしてくれるのだ。

私がフィンドホーンを去ったあと、幸運にもほとんどすぐに、大木がたくさんある地域に行くことができた。カリフォルニアのラッセン山の中腹で、海抜一七〇〇メートルの所だった。そびえ立つポンデローザ松やオニヒバ、五葉松、葉を震わせているポプラなどに、私は感動し、わくわくした。そこは個人の土地で、木々はどれも大切にされていた。私はまだ十分に成長していないとは言え、大きく育った木の下を感謝しながら歩いた。このあたりはすでに何回か伐採されてはいたが、ここ五十年間はそのままだった。しかし、私は木のディーバとのコンタクトは試みなかった。実は、できなかったのだ。私は胸が引きさかれる思いだった。夜明けから夕暮れまで、巨大な材木運搬用のトラックが五分ごとに（私は時間を計った）轟音《ごうおん》をたてて、巨木を製材所へと運んでいた。しかも運転手は回数で支払われていたので、危険なほどに飛ばしていた。空のトラックはもっと危険な速度で、材木置き場でまた荷を積むために戻っていった。反対側にある製材所へは森林の間のじゃり道を通るので、もう少しゆっくりした速度ではあったが、他の会社のトラックが同じように荷を積んでは通り、また空の車が戻って行った。すぐ近くでは、林野庁の木が伐採されていた。伐採業の騒音から逃《のが》れるすべはなかった。それ以来、私はシエラ高原の至る所で、同じ経験に出会ったのだった。

やっと何とか気を静めて、木のディーバに近づき、人間の仕業を謝罪できた時、彼らは次のように私に挨拶してくれた。

地球と霊の子供よ、私たちはあなたの霊的な面に向かって話しています。そこで私たちは出会うからです。あなたが感じたように、私たちはこの土地を略奪している一部の人々とはうまくいっていません。そして、老木が無分別に切り倒されている地域ほど、私たちと彼らの亀裂が明らかな場所は、他にありません。

ディーバは、成熟した木が不足するにつれ、人類の平和と安定は損なわれる、つまり、私たちは木を切り倒す時、実は自分自身を破壊しているのだと、何回もくり返した。切れ目のない伐採事業の騒音にもかかわらず、そのあたりはすばらしい場所で、高い波動に包まれ、しかも木のエネルギーが安定感と力強さと永遠性を伝えていた。近くには滝や岩、渓谷、泉や温泉、野性の動物など、すばらしい自然が満ち溢《あふ》れていた。

一年後、私はやっと、アメリカ林野庁の職員に、その頃すでに私の一部となっていた大木のことを話す機会を得た。彼らこそ、一番この話を聞いて欲しい人たちだった。

まるで奇跡のように、林野庁とのワークショップが計画された。そして私は小型飛行機に乗って、雪をかぶった山々の上を、真青な空間に漂う点のように飛んでいた。ずっと下には、パノラマのように広がっているデコボコの地形の上に、飛行機の影がかすかな波紋を作っていた。しかしその時の私たちの注意はその光景ではなく、この何もない自然の真ん中に、着陸地点を見つける方に向けられていた。ほとんど探険されていない未開の地に深くわけ入る冒険に参加して、こんな状況に私がいるのは不思議な気がした。しかし、林野庁の地図と窓の下に広がる平原を見比べて、自分たちが今どこにいるか見分けようとしている内に、不思議な感覚も忘れてしまった。

私たちは国有林の中にある森林警備隊の駐在地へと向かっていた。しかし、一行の内、一人しかそこへ行ったことがなく、それも陸路経由だった。その近くに小さな滑走路があることはわかっていたが、私たちには高原を貫いている道路しか見えなかった。そして、どうしても正しい場所に着陸しなければならなかった。私たちの飛行機は四人の乗客を乗せると、その高度で離陸するために必要な馬力がなかった。もし、間違った所に着陸したら、私たちは立ち往生して、文明世界に戻るまでずっと歩いてゆくか、救助を待たなければならないだ。その上、森林警備隊との会合の約束も、果せなくなってしまうのだった。

この旅は私にとって、とても大切だった。これは自然と同調し、人のいない原野へ私の愛を送るチャンスというだけではなかった。もっと意味のあることは、私の仕事や体験を最も理解でき、役立てることもできる人々に向かって話すチャンスを与えられた、ということだった。しかしまた、この人たちは私の話に最も心を開かない人たちかもしれないとも思っていた。

飛行機が降下を始めた。パイロットは探していた滑走路と思われる、道路が広くなった部分を見つけたのだった。それが本当に目的の滑走路であれば、私たちは森林警備員に出迎えられて、集合場所の駐在所へと連れて行ってもらう予定だった。そのあと、みんなでバスででこぼこ道を行き、さらに遠くの渓谷まで、荷物を背負って歩く計画だった。そこが目的地であり、私たちのワークショップが開かれる場所だった。帰り道は、駐在所から平原のふちにある空港まで、一五〇キロほどを車でゆくことになっていた。私たちの小型機は、そこからであれば飛び立てるからだ。

飛行機はいくつかの建物の上を飛んで行った。下からは何の反応もなかった。そして、飛行機はほこりを巻き上げて着陸した。私たちは荒涼とした乾いた風景の中に降り立った。何一つ、一本の木さえ、見えなかった。誰も迎えに来ていなかったので、私たちはドキドキし始めた。やはり、間違った所に降りてしまったのだろうか？　その時、ほっとしたことに、一台のジープが現れた。私たちはすぐに出発した。いよいよ、アメリカ林野庁と大自然の神々が、一つになろうとしているのだ。双方ともに良いことがありますようにと、私は祈った。

長い息をのむようにすばらしい旅のあと、私たちはやっとキャンプ場に着いた。そこで警備員が料理してくれたおいしい食事のあとで、狩りが終わった時の原住民のように、暗闇の中でキャンプファイアを囲んですわった。そして私が昔からのシャーマンの伝統に従って、自然の背後に存在する知性についての物語と、そうした知性との私の体験を話した。そこで起こっていることは、まるで五千年も昔に実際にあったような情景だった。しかし、私たちは二十世紀の男女だった。信じるためには科学的証明を求め、ある考えを受け入れるためには、経験的事実を要求するように、訓練されていた。少なくとも、その理想通りに生きられないとしても、私たちは自分のことをそう思いたがっているのだ。そして、科学的な方法が、唯一とまでは言わないまでも、最良の真理への道であると信じていた。暗闇の中では、人々の表情は見えなかった。私が話し終わると、しんとした沈黙が続いた。その沈黙のまま、私たちはそれぞれのテントや寝袋へと分かれた。私はテントだった。星の下で寝るのが大好きだったので残念だったが、その日、私たちは何匹かガラガラヘビを見つけ、暖を求めて彼らは寝袋に入り込んでくるよと言われていた。人々が私の話を受け入れたのか、それとも否定したのか思いあぐねながら、私は眠ってしまった。

次の日、私たちは実習と同調《チューニング》を行なった。三日目にワークショップが終わる頃には、ほとんどの人がそれぞれ私に、ディーバのメッセージが、子供の時から押し殺していた自然への深い思いを思い出させたと、話してくれた。なぜ林野庁に入ったかと聞かれて、この人々は普通、「人から逃げたかったからです」と答えるそうだ。そして今、彼らは自然に対する自分の愛と親しみを認めたのだ。これこそ、彼らをこの仕事に呼び寄せたものだったのだ。誰もがみなそれぞれのやり方で、自然を知る神秘家だった。だからこそ、私たちは分かり合えると、私は感じた。私は確かに彼らに受け入れられた。そして別れる時、天使との会話に関するセミナーをもっと行なうことに決めたのだった。

私は、人々が自分の内なる真実に触れる手助けをしたかったので、このセミナーには大満足だった。

しかし、今残っている木を守るためには、ワークショップだけでは足りない。私は幹に説明札のついたセコイアの木を見たことがある。その札には、「この木は後世のために保存されている原始林の一部です。この木は○○氏から、その目的のために贈られました」と書いてあった。私がその巨木を見上げると、木はすでに枯れかけていた。人がダムを作って木々を育む毎年の洪水を止めたからであり、自動車による空気の汚染のせいであり、根の上を人間の足が踏み固めてしまったからだった。

もちろん、たくさんのことを私たちは考慮しなければならないと思う。本当に、森林伐採によって、私たちは地球の表面をはぎ取っているのだろうか？　建物や新聞のために、こんなに沢山木を使う必要があるのだろうか？　すべての森林火災を消し止めるべきだろうか、それともそのままにすべきだろうか？　環境問題に対する意識の高まりと工夫によって、私たちは解決を見つけることができるのだ。次第に、天使の主張の正しさが証明されつつある。そして、私たちが地球全体を考え、天使と同じように地球を見るようになった時、私たちはやっと、永久的な解決法を見つけることができるのだ。私たちは完全にそうできると、私は信じている。

第10章 創造的な生き方

あなた方人間は、自分が知っていることにしがみついています。そしてお互いに相手がずっと同じであるように期待しています。あなたは一秒前のあなたとはまったく違う生き物であり、もっと違ってゆく無限の可能性を持っているということに、気がついていないのです。

ディーバたち

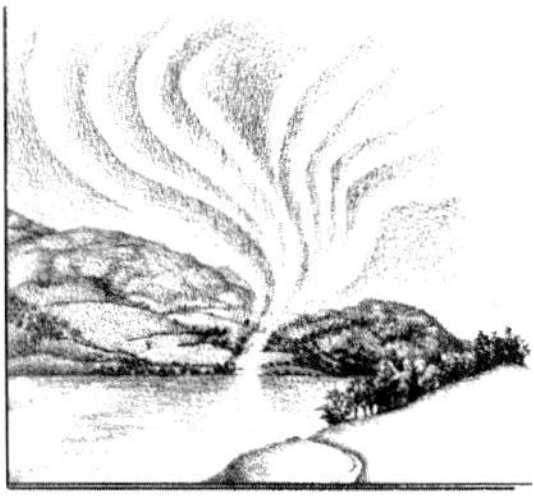

木のディーバからのメッセージは、私に与えられた最も緊急のメッセージだったが、ディーバとの交信には他のテーマも含まれていた。天使は人間と話し合い、彼らと私たちが共に統合された豊かな生活を送れるという事実を、私たちにわからせたいと思っていた。一番最初のメッセージから、人間の能力は非常に大きいのに、今は氷山のようにそのほんの一部しか見せていないと、彼らは言っていた。そして私は自分の「悪い」性格が自分なのだと思い、それを否定したいと願う一方で、訓練や体験から、自分の「良い」部分にも気づいていて、その間で揺れ動いていた。そのため、彼らはこのことを何回も、私に繰り返し伝えなければならなかった。ディーバは私を完全にしようとしたのだった。私にとって、彼らとコンタクトすること自体が、教育だった。彼らとコンタクトするごとに、私は自分をハイヤーセルフと一体化させなければならないからだ。

私がハイヤーセルフ、またはディーバ的な自分の状態になれば、ディーバは自然に私に話しかけることができた。彼らは、私のめったに表現されない資質を引き出すという意味で、本当の教育者だった。そしてとても楽しそうだったので、私はその楽しさに共鳴して、すぐに楽しくなった。すると彼らは楽しさについて語り始め、その時々に、私に話したいことを伝えてくるのだった。

私たちディーバはあなた方を目覚めさせるために、人々の意識のまわりをダンスしたいほどです。私たちはあなた方が光の存在であって、肉体の中に閉じこめられているわけではないことを、知ってもらいたいのです。自分は閉じこめられていると思っているから、あなた方はそうなっています。でも、私たちに気づき、私たちのレベルに来れば、あなた方はあなた方の故郷でもある、より大きな世界の一部になります。あなたはずっとそうであったものに目覚めました。そして、そう言われると、あなたはもっと自覚するようになります。ですから、私たちは今、軽やかさ、喜び、スピード、知性など、あなたであり、私たちでもあるものについて語ります。それでも、言わずにいることの方が、ずっとたくさんあるのです。ですから、自分自身について教えてもらうために、私たちのところに来て下さい。そして神の愛と共に、学んでゆきましょう。

このメッセージはすてきだった。私の意識はしばらく踊り続け、彼らと出会うたびに、その時間が長くなった。私の意識も人間の意識も、彼らにとって大切だった。一九六八年、特に彼らのメッセージは人間の意識に向けられ、人間のための新しい波動について伝えてくれた。

意識が広がるためには、私たちの潜在意識と日常的なくせに気づくことが大切だ。一例として、偏見について考えてみよう。私は自分は極めて偏見がない方だと思っていた。いくつもの文化や人種の中に住んだことがあったからだ。しかし、天使はそうは思っていなかった。

人間の間では、あなた方がみんなで協力して命の流れを受け取り、それを伝えてゆくことは、め

ったに起こりません。みんな、心を開いていないからです。あなた方はそれぞれに別々の考えと小さな世界を持ち、自分の意見にしがみついて他の人の意見を受けつけません。そして、企《たくら》みと個人的な利益だけを考えて、真実から自分を切り離しているのです。私たちは普遍的な関心を持ち、すべてに心を開き、何一つ妨げずに、さまざまな交信の波を受け取ります。あなた方には、これはとても難しいことです。あなた方はそれぞれの生い立ちによって条件づけられ、その記憶の中に閉じこめられています。一方、私たちは、一人ひとりがとてもユニークです。しかも、他の人の貢献にも心を開いています。あなた方はそれぞれの環境の違いによって導かれています。私たちは、一人ひとり違い、一緒に一つのものになっていることを、神に感謝しています。偏見なしに、命に耳を傾けてごらんなさい。あなたは過去によって作られた小さな行動パターン以上の存在です。自由で明確で、表現豊かな神の子なのです。偏見という制限を捨てなさい。命に注目しなさい。そうすれば、笑いの波のように、深い深い理解として、命の交わりがあなたに伝わるでしょう。そうなった時、すべては一つなのです。

他の時は、植物界の美しさが表現されているのに、人間の美しさが表現されていないことを、ディーバは悲しがっているように見えた。彼らは次のように私に質問した。

なぜ、あなた方は私たちのように、命を自分の中に育てないのですか？　なぜブレーキを踏《ふ》み、もうずっと前に自分に合わなくなった思いぐせに、エネルギーを向けているのですか？　あなた方

は昔は役に立ったかもしれない規則や組織や生き方を持っていますが、そのどれも、私たちには内なる神のエネルギーを阻害するものにしか、見えません。私たちは自分の型を持っていますが、生命力はのびのびと完全にそれに流れ込み、それを満たします。あなた方も型を持っていますが、エネルギーは本当でないものに流れてしまっているように見えます。あなた方はお互いに真似し合い、流行を追い、習慣からか、または、自分の中からの思いに背を向けているからか、いつもと同じことをしているように見えるのです。何という無駄でしょうか！　この地上をパラダイスにできるすばらしい神のエネルギーを、あなた方は持っているのですよ！　唯一の導き手はあなたの中にいるガイドなのに、なぜあれこれと外側にいるガイドに従って、幽霊のように歩きまわっているのですか？

彼らは私を心理的なオリから引き出して、変化と共に流れさせようとしていた。彼らの忠告は、毎日の生活や私の内なるガイダンスが教えるものと連動していた。学ぶ必要がある時は、すべての方向から学びが与えられるようだった。私はすでに、秘密好きの夫から、いつでも変化し、動けるようになるための機会を、数多く与えられていた。一九四〇年のある日、ジョンは家に帰って来るなり、二枚の航空券を振りかざして、一時間以内に遠くの国へ出発すると言った。私は怒って、その晩のディナーの約束についてたずねた。すると彼は、そんなことはどうでもいい、私たちがキャンセルしても、彼らは気にしないよ、と言った。私は動くのが嫌いで、しかも約束は守りたいといつも思っていたので、その晩、嫌々ながらに出発したのだった。私はいまだに柔軟性を学んでいる。ディーバもまた、人生は変わりやすく、天使界とうまくやってゆくには、不断の変化を喜んで受け入れなければならないと次のように言った。

永遠に命と愛を外へと表現している唯一なるものの世界には、静止しているものはありません。どうしてそのままでいるものがあり得ましょうか？　しかも、私たちは何回も、あなた方人間が、すでに知っているものにしがみつき、変化を嫌い、変化に出会うと失望し、お互いに相手が不変であるように期待していることに、気がついています。あなたは一秒前のあなたとは違うものであり、さらにもっと変わってゆく無限の可能性を持っているということを、悟るべきです。

何ものも、以前通りのものはありません。人間が作ったものでさえ、流行遅れになり、崩れてゆきます。動いているエネルギーの世界に住んでいる私たちは、この完全なる創造に人間にも参加して欲しいのです。そして、完全でさえも、変わります。人間の間には、あまりにも多くの物や考えがたまっています。あなた方は私たちの世界に足を踏み入れて、永遠に動いている光きらめく命の渦《うず》を、もっと直接に体験すべきです。そうすれば、命に同調し、すべてのものの一部となるためには、永遠に同じで、しかも永遠に変化する唯一の存在以外に、しがみつくものは何もないということに、あなた方は気がつくでしょう。人生は常に揺れています。何かのわだちにあなたが落ち込んだ時は、私たちが救い出してあげます。私たちと、私たちの活気に満ちた変化する世界について、考えて下さい。そして、再び命を十分に表現して下さい。

喜びという性質は、ディーバの世界の最も目立つ特質だろう。喜びに私は深く共鳴した。神とつながる前まではそうではなかったが、それ以後は、私はいつも喜びを体験している。それでも表面的には、自分が望むほどに、私は楽しそうではなかった。私たちの弱点と長所はつながっている。吃音《どもり》があったために話し方を徹底的に練習して、その時代随一の話し手になったデモステネスと、私たちは同じなのだ。

ともかく、私は天使はいつも喜びの羽で飛び、いつも喜びと共に行動しているのに気がついた。「**喜びとは、私たちがそれと共に働き、私たち自身であり、あなた自身であるもの。あなたにそれを見せてあげましょう。人類全体にそれを見せてあげましょう**」という、ディーバの言葉通りだった。彼らはさらにこうも言った。

すべての制限を捨て去って、内側から体験しなさい。喜びを転がり出させて、あなたをすべての命と一体にさせましょう。喜びは無限です。そしてその前にあるものをすべて掃《は》き清めて、すべての王国のがらくたをそれと共に運び、唯一なるものへと高揚させます。もちろん、言葉はいりません。言葉を追い払いなさい。喜びと一つになりなさい。

でも私は現実の世界で、日々の生活を生きなければならないのよと、私が文句を言うと、彼らはこう答えた。

現実とは何ですか？　この一体感の方が、あなたの日常的意識よりも、ずっと現実的で生き生きして、神に近いのではありませんか？　そう、あなたは日々の意識で生活し、働かなければなりませんが、そんなに限界づける必要はありません。この喜びも入れてやれるのです。あなたのように、私たちも重い物質界に存在しています。もっと本気で見れば、あなたは一枚一枚の葉に、花びらに、色に、香りに、喜びを見い出すでしょう。私たちはこの神の現実を表しているのです。あなたは私たちよりも、もっとそれを表現できるのです。

今でも思い出となっているのは、私たちのグループが自然を祝う伝統的な日である、ミッドサマーの前夜（六月二十三日、洗礼者ヨハネの祭日の前夜）に行なった喜びの祭りのことだ。二、三人のまじめな老人を含む十二、三人の私たちは、ランドルフ・リープへと向かった。そこは巨大なかしの木と花崗《かこう》岩《がん》と褐色の水の豊かな急流からなる、すばらしく美しい場所だった。まず私たちは足を止め、自然との親しい交わりを持つオーギルヴィーが、そこで祭りを楽しむ許しを請《こ》うた。そして、許しは与えられた。その日一日、私が感じていたすばらしい喜びが爆発した。おそらく、他の人も同じように感じたと思う。私たちは四歳の子供のようにはねまわり、妖精のように輪になって踊った。きっとそれは奇妙な情景だっただろう。しかし、喜びを表現することが大切なのだ。風景の天使は、この祭日は、神と自然に同調することによって、自発的に祝うといいのだと、提案した。またもう一つの祝祭日であるクリスマスは、商業主義に汚《けが》されているとは言え、大きな喜びをみんなの心に生み、天使はそれを人間の向上のために、大いに利用しているのだ。クリスマスの天使のエネルギーが、一年のその時期になると喜びをふりまくために現れるようだった。

天使によると、人間を含む命の自然の状態は、溢《あふ》れるばかりの喜びであるそうだ。その喜びによって、私たちはすべての命を高めることができるのだ。真の創造は次々伝わってゆく自然な喜びによってもたらされる。天使には義務や強制が大手をふってまかり通るなど、想像すらできなかった。彼らは人間に、喜びのエネルギーで豊かになって欲しいと願っていた。「**これは私たちからの贈り物です。今、私たちがあなた方人間のために強調したいものです。そして、これは私たちがあなた方にあげるどんな情報よりも、ずっと大切です**」と天使は言った。

清らかさは、ディーバの世界のもう一つの特質だった。清らかさは明確な洞察力に伴う肯定的な資質のように思える。最初、天使は悪を知らないのだから、当然、清らかだと思っていた。そして、それは本当だった。その後、悪を知ることで、よりすばらしい清らかさが生まれる、ということに私は気がついた。人生の苦しみや、良い時も悪い時も体験し、知恵やユーモアを手に入れた老人は、赤ん坊の愛らしい清らかさよりも、ずっと豊かな清らかさを持っているものだ。

ある日、菜園で働いていると、私はディーバの世界の圧倒的な清らかさを感じた。それは土で汚れた私の手とは不釣り合いだった。風景の天使は私の質問に、次のように答えた。

土は長い年月をかけて精製されたこの地球の物質そのものです。また、すべての命が自由に使っている命の苗床です。しかも、自分のものにせずに、誰にでも無料で持っていけるようにしています。あなたが私たちに感じる清らかさは、土にこそ最も適《ふさ》わしいのです。

また、このディーバは、人間は清潔を神の次に大切にして土を洗い落としているが、その同じ地球を毒薬で汚して、命そのものを殺している、と言った。ディーバは私の意識を拡大させるチャンスを、決して逃《のが》さなかった。

森の中を歩いていた時、私は木からすばらしい清らかさを感じた。木のディーバは、神のエネルギーに木が同調して、その清らかさを発しているのだと、説明した。

私たちの清らかさを嫌う人もいます。それが彼らの普段の環境と異質だからです。また、あまりに自己中心的で、清らかさを感じない人もいます。私たちに近よって来る人々を、私たちは高めます。あなたが私たちのオーラの中にいて、それがあなたの内へと入ってゆく時、あなたは高められます。私たちが調和のリズムの中にいるからです。人間が内なる平和を達成するのを、私たちは助けることができます。木が邪魔されずに成長し、あなた方に慰《なぐさ》めを与えられる広い場所が、どこにも必ずあるべきです。こうした場所は、国を癒《いや》すために多くのことができるのです。

自然の清らかさだけでなく、すべての物の中に清らかさを感じると、その物とつながることができる。これもまた、私たちが成長するにつれ、ディーバと分かち合えるものの一つなのだ。

天使は、すべての命が一つになった意識の中で生き、動き、存在している。このワンネス（一つであること）を彼らは常に私たちに強調した。最初、私はワンネスという考え方に、すばらしい理論だと思って賛成したが、実際にこれが生活に生かせるとは思わなかった。結局は、私は私であり、他の誰とも何者ともまったく別々の存在なのではないかと思った。すると、ディーバは命の相互作用について、私を教育し始めた。

寒い日、窓ガラスの上にできる霜に息を吹きかけますよね。その霜はあなたの一部です。そして、私たちが光を与えている植物は、私たちの一部です。すべてのものは一つの命の物質化したものであることを、知って下さい。

私に物質相互の関連性を認識させたあと、ディーバは、すべての命の物質的相互依存も事実だが、私たちが一つの源から分かれたものであるという事実こそ、真のつながりなのだと言った。私たちがこのことを受け入れ、源へと近づく時だけに、分離した感覚を消すことができるのだ。彼らはまた、人間が十分にその唯一の源に近づいて、誰もが同じ目的に向かって同じ道を歩んでいることがわかるまで、私たちは自分の力をお互いに相反して使うのを止めないだろうと、警告した。私はすべて受け入れることができたが、それも理性のレベルのことで、自分は他の存在からまだ切り離されていると感じていた。

それでも、天使はずっと、一つの世界、私たちが共有できる世界に住むように、教え続けた。木のディーバは次のように質問して、私の考え方を広げようとした。なぜ人間は、まるで自分が唯一の知性であるかのように、自分だけの小さな隔離した世界の中を歩きまわっているのですか？　まわりもみな彼らの世界があり、意識が充満し、測り知れない価値のある知恵や真理に溢《あふ》れているのに、なぜなのだろう？　私たちは雨の音を聞いても、雨は植物をうるおし、私たちを濡《ぬ》らしながら落ちてくる水だと考えるだけなのだ。雨を生命の無いもの、単にプロセスの一部でしかないと把《と》らえることによって、私たちは広大な意識と命への大きな役割を持つ雨の精霊が与える喜びを、とり逃してしまうのだ。創造主の命と共に変化し流れるということとワンネスについて、雨は人間に教えることができるのだ。また、私たちは神秘を拒否している。天使は常に、より広い意識と命全体のダイナミックなドラマに参加するようにと言い、「一つのものは一つであり、同時に多くのものです。私たちが通りすぎ、変化し、形を成し、それを変え、そして溶けてゆく」真の世界に参加するようにと強調し続けた。シェリーは「雲」という詩の中で、同じ感覚を次のように描いている。

私は地球と水の娘であり
空の乳のみ児《ご》である
私は海と岸辺の気孔を通り抜ける。
そして変わってゆくが
死ぬことはないのだ。

分離した自分、という感覚があるために、私たちはおそろしい事をする、とディーバは言った。物質的現実への執着と、分類し計測し分離するという私たちの能力は、すべてが一つの命の現れであるとするレベルから見れば、ただの幻想にすぎない。そのレベルでは、アメリカナデシコの次の言葉そのままなのだ。

私たちは障害物なしに、お互いの存在を出たり入ったりする、本当の自由を持っています。外側のレベルに十分に現れ、同時にワンネスと完全に一つとなり、それを意識するのが生命の目的であるということがわかりませんか？　それが現実なのです。一つの命がすべてを通して呼吸しているのです。すべての命を敬いなさい。それはあなたの一部であり、あなたはその一部だからです。

私が要素の天使と呼んでいる存在は、ワンネスについて、もっと力強く主張している。

要素の子供よ、あなたが要素からできていて、その一部であることを知って喜びなさい。あなたが、すべてのものの中に創造主の喜びを発見し、表現するために、人間の体もこの世界も、長い年月をかけて完成されたのです。人間は今、自分は特別だと考えることによって、自分を破滅させつつあります。なぜ、自分は特別だ、などと思えるのですか？　風が吹く時、それはあなたの一部であり、太陽が照る時、それはあなたの一部であることがわからないのですか？　あなたは水から来て、水はあなた方全部に結びついていることや、呼吸する空気がなかったら、あなた方は生きられないことが、なぜわからないのですか？　一つが苦しめば、地球の意識全体がそれを察知し、一つが喜べば意識全体がそれを知って喜ぶということがわからないほど、なぜあなた方は愚かなのですか？

私たちはワンネスに気づくように、あなたにうるさく言いたいのです。ワンネスの考え方はどこでも提供され、説明されていますが、私たちはその実際的な面を強調したいのです。あなた方の体は周囲の環境と一つであり、あなた方は自分自身を傷つけずに、地球を痛めつけることはできない、という事実です。

そう、これは新しいメッセージではありません。しかし、ワンネスは神にまつわる高次のレベルに限定されているわけではなく、今、ここにあるということを、あなた方はわかっていないようです。地球上のパターン、つまり自然の命の相互関係を乱すことは、宇宙のプロセスに干渉し、人類の未来を破壊することなのです。私たちは何回も繰り返して、人間がワンネスを認識すべきだと、主張しなければなりません。このことを十分に主張しすぎるということはありません。水、土、火、空気の要素の暴れ方に、あなたは驚いていませんか？　人間がそのメッセージに気づき、それにのっとって行動しない限り、それはもっと激しくなるでしょう。

あなたは私が伝えようとしていることの激しさに、ほとんどうんざりしています。同時に、その背後にある栄光に満ちた平和のすばらしさも感じて下さい。それはワンネスの完全性であり、あなたが無限と同調した時に必ず感じられるものなのです。そして、すべての要素が、喜びへ、ワンネスへと流れ込みます。これこそが、命の目的です。すべての命を愛し、それと一つになりなさい。すべては創造主の一部であり、あなたの一部なのです。

天使がくれたワンネスについての感動的なメッセージによって、私はこの考え方が真実であると納得できたが、それを現実にしたのは、彼らの行動だった。彼らは全体意識から行動したのだ。私が初めてこのことに気がついたのは、ディーバがはじめ「私」と言い、次に「私たち」と言った時だった。つまり、ディーバは時には個人の立場で、時にはグループとして話していた。どちらでも、ディーバにとっては同じなのだ。彼らにはエゴや自意識がなく、そのために、ディーバは自分だけであったり、全体であったり、または何者でもなくなったり、簡単に変われるのだった。必要なことがきちんと発言できれば、誰が舞台に立っているかは、気にしなかった。人間も同じようにできることに、私は次第に気がついた。それは、みんなが同じ感情を持つという一体感や、理性的な同意によるものではなく、全体に対する責任感からくる一体感に基いて行動する、ということだった。これは私にとって、まさに啓示だった。ディーバの生き方は人間にもできるのであり、ディーバは私たちに一歩先をゆくお手本なのだと、思い始めたのだった。もちろん、一秒間だけ小さな木になってみるといったワンネスの体験も役立った。そして、まだ自分に制限を設けていても、基本的にはワンネスを意識し、それにそって行動するようになりつつあると、私は思えるようになっていった。

ピーターとアイリーン、そして彼らの三人の息子と一つのトレーラーに住むのは、調和を達成する絶え間ない試練だった。私たちはそれぞれ性格的にはまったく違っていたが、一つだけ基本的なものを共有していた。神の意志の実行と、生命全体と共に流れることへの献身だった。ピーターと私がどんなにけんかしようと、私の内なるガイダンスと、アイリーンを通じてピーターに与えられたガイダンスは、問題を別の視点から見てはいても、必ず一致していた。そして常に、私たちを新たな出発点へと導くのだった。一つ例をあげよう。木のディーバからのメッセージをまとめた小冊子の題名で、ピーターと私は対立していた。私は「話をする木」とするべきだと確信していた。ピーターは、その題名は個々の木がしゃべるような印象を与えるので、誤解を招きやすいと、私よりも確信を持って主張した。彼は「木のディーバからのメッセージ」といったもっと散文的な題名にしたかったのだ。最終稿をまとめていたエディが題名を聞きに来た時、もう決めるしかなかった。しかも、エディは二人が一致して決めた題名しか、受け入れる気はなかった。何回、内なる声に耳を傾けても、「話をする木」という題名しか、私にはやって来なかった。私はヒースの野原に散歩に行き、頭と心を落ち着かせて内なる声に同調したが、やはり「話をする木」という言葉が聞こえ続けていた。十回の内九回はピーターが正しいことを、私は知っていた。私が間違っているのだろうか？　個人的な好みで、この問題を曇らせているのだろうか？　どうすればいいのだろう？　エディは私たちの合意に石の如くこだわったまま、すわって待っていた。困り果てて、私はアイリーンのところに行き、ガイダンスをもらって欲しいと頼んだ。これは何か疑問が生じると、すぐにピーターが使う方法だった。しかし、この件では、彼は私が間違っていると確信していた。本当にほっとしたことには、アイリーンのガイダンスは私の意見が正しいと確認してくれたのだった。そしてピーターも私に与えられた題名を受け入れたのだった。そして、この出来事から、私たちの意識が神と一つになることが、お互いに確かめ合うための唯一有効な方法であるという天使の言葉は真実であることが、わかったのだった。

愛はもちろん、すべてを互い同志と、そして神とつなげるものだ。でも、私は永い間、天使の愛に気がつかなかった。ディーバと友だちになった時でさえ、彼らは友人であって愛する者ではなかった。おそらく、私が愛に共鳴していなかったので、彼らは愛する者とはならなかったのだろう。ともかく、私は愛について、メッセージをもらったことがなかった。これは私には不思議だった。そして、愛は彼らの得意分野ではないのだろうと結論を出した。この私の意見は、自分たちの世界では、調和を乱して慈悲の心を呼びさますものは無いので、慈悲は不要なのだと天使が言った時、確認できた。ディーバによれば、こうした心の動きは、人間の方が発達しているそうだった。もっとも、愛はすべての王国をつなぐ橋であり、私の心に愛がある時、彼らは私のもっとそばに来ることができる、ということだった。

「愛は私たちを結びつけます。私たちに結びつきたいと思わせ、あなたに近づきたいと思わせるからです。それと違ったやり方で、愛は私たちを仕事に結びつけます。愛はすべてのものを引きつけます」と彼らは言った。

それでも、何年かにわたって、私は天使の愛に関する見方を、少しずつ、変えてゆかなければならなかった。たとえば、ディーバはこの言葉を私よりも、もっと広く解釈していることに、私は気がついた。パンジーのディーバは次のように言った。

私たちは雨も太陽も地球も空気も愛しています。たぶん、「愛」という言葉は、あなたには誤ったことを意味しているのでしょう。なぜならば、私たちは雨や太陽や地球や空気の一部なのです。永遠の中では、私たちはみな、こうした要素の現れなのです。

これはすべてを含む愛だった。そして六月のある日、風景の天使が、自然の成長は保護し生命力を与える愛の光を呼び寄せ、それによってすべてのものが育ってゆくのだと、教えてくれた。この愛は太陽からあらゆる方向へと放射され、また特別に天使たちによって統率されていた。人間もこの時、彼らの愛を分けてもらうのですかと、私がたずねると、天使は次のように答えた。

そうです。人間はこの点では、私たちの支配下にいます。あなた方もまた、光を必要としています。実は他の者たちよりも、ずっと多く必要なのです。しかし、あなた方は自由意志で、それを受け取るか拒否するか選んでいます。心を開き、生命を共に息づいている時（めったにないことですが）あなた方は触れるものすべてにとって、愛の蓄電池です。普通は、あなた方は心を閉じ、全体から自分自身を断ち切っています。

八年かかってやっと、ディーバの世界に愛がないと感じたのは、私のせいだったとわかった。私は自分に向けられた個人的な愛をずっと期待していて、非個人的な愛のレベルまで、成長していなかったからだった。ディーバの愛はすべての人に向けられ、あまりにも当り前だったので、見えなかったのだった。ハーブのディーバが次のように説明してくれた。

ディーバの世界に愛はない、と言われます。私たちが人間のように、限られた選り好みする愛を持たないのは、本当です。私たちはただ、魚が水の中に住むように、愛の中に住んでいます。あなたは愛を分離させています。そして、誰を愛するか、選びます。私たちの世界は愛の海です。なぜならば、私たちの心臓はすべての中で最もすばらしい愛、愛そのものへと脈打ち、私たちのエネル

ギーはすべての世界へと、雨が正しい者にも正しくない者にも降るように、流れ出てゆくからです。もし、私たちの愛が限られていたら、私たちは意識と溶け合うことはできません。人は愛するものと一つになります。これはどこを見ても明らかです。あなたが心と体と思いと魂のすべてで神を愛すれば、あなたは神と一つになり、従ってすべてと一つになります。あなたが限りある自分だけを愛する時、あなたは孤独です。私たちは孤独を知りません。

その通りだった。ヒースの野や森の中に一人でいても、私は孤独を感じなかった。周囲のものを愛しているからだった。誰かと恋をしている時、世界中が新鮮で美しく、その人を中心にまわっているかのように感じたことを、私は思い出した。風景の天使は次のような質問をして、大きくて非個人的な天使の愛に光を当ててくれた。

すべての人や物を恋する状態を、想像できますか？　あなたはそんな状態は耐えられないでしょう。もうたくさん、と思うでしょう。でも、あなたが成長すれば、それは起こることなのです。あなたは自分が住み、私たちがみな一緒にいる愛の海に、どんどん気づいてゆきます。今は、それに気づく邪魔をしている何千という障害物がありますが、それにもかかわらず、あなたは愛の海の中に住んでいるのです。光が強すぎると何も見えなくなるように、多すぎる愛もあなたがそれに慣れるまでは、何も見えないのです。命により深く触れるようになれば、あなたはこの愛を体験するでしょう。今、あなたはすべてを含んでいる関係と生きることを、想像できますか？　想像力に現実

を知る手助けをしてもらいなさい。

この想像は非常にリアルだったが、すべてのものと恋をするという輝かしい状態に止まっていることはできなかった。慣れ親しんだディーバの世界のよそよそしい感覚が、戻って来た。別のハーブのディーバは、神の意志への彼らの完全な献身は、彼らをよそよそしく見せているかもしれないが、私がもっと正確に同調すればそんなことはない、と言った。この言葉をわかろうとして、私はハーブの姿を思ったが、ディーバのレベルに近づくことはできなかった。また表面的な形を考えているね、とディーバは言った。愛は形を越えているのだ。ディーバは次のように言った。

私たちはある点では純潔なので、あなたは時々、私たちを引き寄せるのが難しいのです。清らかさの中でリラックスし、すべてのものは清らかで純粋であることをわかりなさい。低次の心が不純と考えるものも含めて、すべてのものは清らかなのです。その清らかさの本質はすべての命の根っこにあり、あなたがもっと自由に私たちの次元を歩きまわるようになれば、あなたはその清らかさに幸せを感じるでしょう。その時、私たちと私たちの秘密がわかり、普通のことになるのです。

この教えは私の心を広げ、私の愛の気づきは成長していった。風景の天使は、人間はより肯定的なやり方で愛し始めている、と言った。しかしなぜか、これは私自身の生活にはあてはまらなかった。フィンドホーンは小さなグループになっていたが、グループが大きくなると共に、さらに多くの仕事を始めた。事務所が建てられ、次には瞑想所だ。そして大きな集会所が建設された。こうした計画はそれぞれ、それ自体、すばらしい神に導かれた仕事であり、物質レベルの発展に関するレッスンを含んでいた。また、忙しく仕事を何年もやり続けていて、私たちにはリラックスする時間も、良い人間関係を作り出す時間もない、ということを意味していた。風景の天使は次のように言った。

あなたは、すべてのものへと肯定的な愛の力を送り出す時に、何が起こり、何が流れるか、発見しなければなりません。あなたはいろいろと、限界づけられていました。あなたのような人はまだ少なかったので、一定の方向に集中しなければならず、多くのものがあなたの愛から除外されています。あなたが私たちの世界をある程度、仲間にしてくれて、とても喜んでいます。しかし、私たちはあなたに愛の道をもっと提案したいと切に思っています。すべてのものは場所と目的を持っています。石でさえも、光のパターンとそれ自身の機能を持っており、すべてのものは、大いなるデザイナーの手でできています。人間は自分自身のデザインに執着し、愛をほとんど持たずに、自分の意識にもっと取り入れることができる世界を、ずっと無視してきました。

覚えていて下さい。私たちは光という視点から生命を見ています。私たちには、人間が自らの光へと目覚め、他の人々や、鉱物、植物、動物王国とつながってゆくのが見えます。今は愛と、そしてあらゆる所に存在する光と、つながる時なのです。あなたは自分の中に愛を発見したように、いたる所に愛を発見するでしょう。そして、あなたが愛に満ちて私たちへとやって来る時、私たちの世界はあなたにもっと光を見せてあげるでしょう。

私は天使の愛にとても良く気がつくようになった。そして、植物が素早く愛に反応し、また、愛のこもった目で見ると、浜辺の小石が輝いて見えるのに気がついた時、新鮮な驚きを感じた。ディーバも愛の神秘の中で輝やいているように思えた。物質のレベルでも、そのようなことはますますはっきりと示されるようになるだろうと、彼らは言った。

私たちは愛の奇跡を歌い、叫《さけ》んでいます。私はあなた方にとって、とても遠い存在でした。そして、遠くて良かったと喜んでいました。私たちは引き離されているように感じていました。今、それはすべて終わり、私たちは本当に人間と親しくなりたいと思っています。実際には何も変わっていませんが、それでもすべてが変わりました。愛があるからです。私たちはお互いの間の愛に基いて行動したいと思います。

私が愛について理解を深めるにつれ、天使は愛についてより多くを語るようになった。そして、人は自分の人生に愛のある世界を作るか、愛のない世界を作るか、選ぶことができるのだと言った。彼らは、人間の作った世界を高く評価していなかった。彼らは愛を尊重していたのだ。

あなたを私たちと、また他のすべての人やものと最もよくつなげるものは、日常の普通の愛の思いです。私たちに同調する前に澄み切った状態になるとあなたは言っていますが、苦しむのを止め、

愛をあなたに流れさせれば、私たちの世界はあなたのものになり、あなたはすべての一部になります。何ものも、あなたと別個の存在ではありません。そしてあなたは、あらゆるものをあなたの意識に迎え入れるようになります。

すべてのものと一つになる、ということは、いろいろ話されています。愛はその話に生命と真実をもたらします。あなたが愛する時、ストレスや限界の感覚はすべて消えます。知識は何も必要ありません。知識が、かえって、あなたを命から引き離すことがあります。特別の訓練もいりません。人生そのものが、あなたに愛をもたらす訓練なのです。

少しも愛を感じることも想像することもできない人やものに対してどうすればいいのかと私が質問すると、すべての人や状況には、必ず愛すべきものがあると、天使は答えた。その愛すべきものを見つけ、愛した時、その人やものに対する私の態度全体が変わるのだ。そのほんのわずかな愛の流れが、もっと力強く大きな愛の流れへと、道を拓《ひら》くからだ。

これを私は何回も、特に事務所にいる時にやってみた。週に七日、一日中そこにすわってタイプを打っていると、あきてしまった（私たちに休日はなかった）。事務所以外のどこかに行きたかった。毎日、手紙をタイプするかわりに、外の新鮮な空気の中に出ていくとか、もっと創造的な仕事がしたかった。じゃがいもの皮むきでさえも、もっとましな仕事に思えた。もっと自由にものを考えることができて、ただタイプすることだけに集中する必要がないからだ。自分の否定的な気持ちに気がつき、ディーバの忠告を思い出すと、私は部屋の中を見まわして、何か愛せるものを探した。それはいつも私が選んだ、明るい黄色の壁だった。太陽の輝きのような黄色の中にいると思うと、私は気持ちが軽くなり、良いエネルギーが流れ出した。それをきっかけに、他の好ましいものにも、気がつくようになるのだった。事務の仕事に対する私の抵抗は三十年間も続き、やっとそれを愛せるようになった時、そこから自由になれた。何かを嫌っていると、私たちはそれを自分に引き寄せてしまうのだろう。

私の中で愛が育つにつれ、ディーバの中でも愛が育ってゆき、友好的な人間への大きな愛を見せるように感じられた。私にとって、彼らの態度はとても美しかった。天使が何かをする時、それがたとえ、ちらっとこちらを見ることであっても、彼らは全身全霊でそれをするからだった。人間と違って、彼らは古い傷あとや昔の殻《から》ゆえの固い表皮を持っていなかった。そして遠慮もしなかった。彼らは永遠に若々しく健全であり、私たちの中にある永遠の若々しさと健全さを引き出してくれた。実際に、多くの人々、特に若い人たちが、同じように美しい広い心で生き始めている。風景の天使も次のように言った。

表面的な限界にだまされない限り、あなたも瞬時に、自由になれます。私たちのようにすべての生き物を常に新しく、新鮮にすることもできます。そうすれば、あなたはそれらと自然にコンタクトして、楽しむことができるのです。すべての魂は美しく、それぞれの魂は愛に呼応します。

すべてがピンクの雲の上に浮いているような悪趣味な世界になりはしないかと、心配する必要はありません。私たちやすべての命を流れているエネルギーは、目的と力を持っています。愛は誰がその上を歩ける橋を作っている、確固とした現実です。感傷は愛ではなく、私たちと共に存在するものでもありません。あなたの方へと近づく時、私たちはエネルギー的に近づきます。あなたも

そうできます。あなたは私たちを見ることも聞くことも、触れることも味わうこともできませんが、それでも私たちは大きな力です。私たちはここで愛の中に立っています。そしてここは、覚醒《かくせい》した人々との知的関係を待ち望んでいる、動的な世界です。あなた方は私たちを必要としています。そして私たちは、あなた方に愛され、認められ、友人として扱われるのを、待ち望んでいます。あなた方の愛を、愛の中で待っているのです。

天使によれば、彼らの世界の活力は、人間にも本来的にそなわっているのだそうだ。最初のメッセージでは、人間は潜在的な発電所だと彼らは言った。ピーターは自分の力を十分に表現していたが、アイリーンと私は自分に確信が持てなかった。フィンドホーンでグループとしてすごした一年目には、私たちは天使に気づき、彼らの助けを請《こ》うた。そして、彼らの助言を実行するために、喜んで自分の手足と頭を使った。菜園の見事な成長は、普通を超えた何かの力が働いていることの証拠だった。ディーバは、「**あなた方の内なる力も、私たちの力や協力も、それが認められ、呼び出されるまでは、目覚めません。これはこの仕事のほんの始まりにすぎません。あなた方は実験し学んでいます。そしてあなた方の信仰は深まっています**」と言った。私にとって、天使の力は感動的だった。それは軽やかさと自由が入りまじった決然たる強さであり、彼らの喜びの背後にある、汚れのない永遠の力だった。

天使はよく、人間の力について語った。私たちの思いは植物を強くも弱くもし、私たちの肯定的な考え方は菜園の病気を防ぎ、天気をコントロールできると言うのだった。また人々の働きを効率的にするための心理的方法についても、彼らは議論した。たとえば、その状況の悪い所ではなく、良い所を認めよう、といったことだった。レッドセージのディーバは、次のようなメッセージを送って来た。

私の背後にあるエネルギーに気づき、それに同調し、また、あなた自身の考えや気持ちが作り出すエネルギーの型がわかってくるにつれ、あなたはすべてをあなたの思うとおりにできます。分離という意識を持つ限り、そして、自分の人生の物事は自分の外にあり、自分に起きたことが他人や他の何かのせいにできると思っている限りは、あなたは無知なのです。あなたはワンネスの現実の外にいて、私たちのエネルギー世界はあなたには理解できません。すべての命は一つであることをあなたが受け入れた時、すべての命はあなたのものであり、あなたはすべての命になるのです。

聖ヨハネ草のディーバは、創造に使われる力について、次のように語った。

何が起ころうとも、私たちは不動の元型を保っています。もし、変化が必要であれば、私たちはその変化を元型の一部として表現しているのです。そして、それは神の永遠の平和から生まれる、大いなる不変性なのです。その元型のまわりで、私たちの王国は信じられないような働きをして、元型を完全に形へと育て、彼らに永遠に仕えています。私がこのことを言うのは、あなた方も、まっしぐらに元型に奉仕するという、私たちと同じ性質を持っていることを、わかって欲しいからです。そしてあなた方はその元型を、神の下の堅固な平和の中に、保つことができるのです。

さらにディーバは、私たちのハイヤーセルフは私たちそれぞれの元型をしっかりと保っているが、私たちの日常的な理性にとって、自らの神性に気づくまでは、自分の運命を知らない方が良いのだ、と言った。自分の神性に同調した時、私たちはディーバと共に大きな力を行使できるのだ。天使から見ると、私たちの問題は、自らの内なる力との触れ合いがない点にある、というのだ。

最後に、ユーモアのセンスも、ディーバが特別に大切にしている特質だった。彼らのユーモアに対する見方や関係は、とてもユニークで楽しいものだった。

神の玉座から天空を駆けめぐって、多くの動きが川のように流れています。たとえば、かすかなリズムで始まり、美に触れながらすべての命へと広がってゆく、優雅な動きがあります。また、あなたの意識へと身を屈めながら、しかも高きものと密接なつながりを保っている気高さもあります。しかし中でも、私たちはユーモアのセンスを、あなたにさし上げます。これはすべてのレベルで同時に働くことができ、光の速さで宇宙を駆け抜けます。それ自体が光であり、触れるものすべてを溶かし、高揚させます。楽しみのディーバは広大な視野を持っていて、他の者が入れない所にも入ってゆきます。そしてすべての王国に影響を与えますが、人間の世界では最大の効果があります。

ユーモアを生みだすことによって、真っ暗な闇が一瞬の内に明るくなって、多くのディーバのための通り道ができるのを見るのは、最高の特権と言えます。失望のどん底でも、笑みがこぼれ、魂が再び生気を取り戻して、変化と動きへと向かいます。時間も場所も意味がなくなります。つらい上《のぼ》り坂もありません。ユーモアに触れた瞬間、魂は他の世界へと運ばれ、何でも実現する希望に満ちた明るい世界へと変わります。

私たちはあなた方に何をすべきかは言いません。教えるつもりもありません。ただ、私たちの視点から、楽しさのすばらしい働きを説明しているのです。神はすばらしいものを生み出しましたが、すべての内で最も不思議なことは、一番ありそうにもない場所に、急に、一条の光を見る時です。誰かが笑ったとたん、すべてが大丈夫になります。苦虫をかみ潰《つぶ》したような人が一秒で変わってにっこりとし、再び希望の道が見えるようになります。日常のくり返しにあきた人も、あらゆる問題を自分に引き寄せている人も、急に人生のおもしろおかしい一面が見えるようになり、自由になります。

私たちディーバはこの特別の仕事で大忙しです。そして一つの次元から次の次元へと、気づかれないように走りまわっています。これはとても微妙な技です。命の形はそれぞれ違っており、私たちにまったく違った反応をするからです。私たちは複雑な人生のちょっとした変わり目を見逃さないように、決定的瞬間に備えていなければなりません。そしてそこにいて、言うなれば正しいボタンを押して、光を入れなければならないのです。他の天使が行くのを怖《おそ》れる所にも私たちは行き、確固とした、しかもすぐに変化できる援助のネットワークを、作っています。そして、自分たちがしていることを、いつも楽しんでいます。私たちはたくさんのことを頼まれます。私たちが受け取る報酬は巨大です。

ですから、人間よ、覚えておいて下さい。次に何かがあなたの想像をくすぐって、別の物の見方ができるようになったら、神が私たちを使ってあなたに贈り物を下さったのです。人生のすばらしさと意味を感じて、私たちと共に喜びましょう。

人生のすばらしさと意味は、人生の試練と入りまじっていた。ディーバは彼らの生き方と技術を教えることによって、私を教育し続け、私はそれを自分の生活に応用しようと努力した。全体を意識し、純粋な動機から行動せよ、という彼らの主張は、フィンドホーンにやって来た二人の人物によって、確証された。

デイビッド・シュパングラーは、若手のニューエイジ著述家兼教育者だった。彼のパートナーである人間関係カウンセラーのマートル・グラインズとデイビッドは、短期間滞在するつもりでやって来て、三年間、フィンドホーンに住みついてしまった。私はすぐに、デイビッドの特別な教えとエネルギーを、受け入れることができた。そして、彼が天使の存在を認め、自らも体験していることを知り、ありがたかった。彼の講義を聞いていると、いつも、「もちろん、私はそれを知っているわ。自分が知っているということを、なぜ私は気づかなかったのだろう?」と私は思った。彼は私の内なる知恵を引き出してくれた。デイビッドの楽し気な雰囲気に引かれて、若い人々がたくさんやって来るようになり、舞台芸術がさかんになり始めた。その三年間に、共同体は二十五名から二〇〇名近くまでふくれ上がり、多数の新しい建物ができて、さまざまな活動が始まった。しかしデイビッドとマートルは意識と人間関係の重要性を強調して、物質的な成長とのバランスを取るように努めた。二人は学校を計画し、私を含むたくさんの人々が、そこに集まって来た。共同体のメンバーや訪問客をスタッフにしたその試みは、霊的な生活への新しい方法論をもたらし、古くからのメンバーの視野を広げた。

しかし、私はまだ事務所で働いていた。決まりきった仕事にあきてはいたが、自分の役割をどう変えるべきか、わからなかった。次第に、フィンドホーンを出て北アメリカに帰る時だ、と思うようになり、内なる導きもそれを確認してくれた。私のこれからの仕事はアメリカにあるのだ。それがどのような仕事になるとしても、天使に関する本を書くことも、その一つであることはわかっていた。

第11章　性格の矛盾

私たちの仕事は
私たちであるものに
なることである。
セオドア・ローザク

私はこの本の原稿を、カリフォルニア州のシエラ高原で書いている。そこに、フィンドホーンで学校を設立するために出会った十五人の仲間が再び集まって、グループとして活動することになった。ディビッド・シュパングラーもその一人だった。私たちはロリアン協会という名前をつけて、サンフランシスコの周辺に数年間、住んでいた。

私たちが最初にグループで行なった活動は、講演会、スライド映写会、歌や踊りなどの会合を開き、自然との関係に重点を置いて、霊的な事柄を広めることだった。

私も話をしなければならなかったが、それがとても怖《こわ》かった。大学時代、私は何回か人前で話した時に、みじめな体験をしていた。ある時、私は文字通り動けなくなって、力ずくで舞台から降ろされたのだった。がその後、私は沢山の人々の前で話をしたことがなかったが、この恐怖を克服しなければならないことはわかっていた。私は原稿を暗記し、テープにとって練習してから、ドキドキして舞台に上がった。ロリアン協会の人たちがみんな私のために祈っているのは確かだった。そんな私にもかかわらず、私の話自体は人々に何かを伝えたようだった。彼らはかなりの反応を示した。講演中に天使を見た人さえいた！　私はまったく気づかなかったが、私が彼を天使とつなげたのだった。その最初の試練以後、何回も話す内に、私は怖れを克服し、聴衆はこうした話題に関心を持っていることもあって、ディーバに関する私の話を、熱心に聞いてくれるようになった。

私が友人に本の原稿を見せると、みんな例外なく同じ意見を言った。「あなた自身のことをもっと書きなさい」と異口同音に言うのだった。その原稿は、ディーバのメッセージを並べ、それに説明をつけただけだった。私のことを書けですって！　私は人生の半分以上を、すべてのことから自分を取り除く努力をして、すごして来た。私の修業も関心も、神と共にいて自分のことは忘れる、というものだった。フィンドホーンでは、私のガイダンスが時々求められることはあっても、私の意見が求められることはなかった。どっちにしろ、私は欠点のある普通の人なのだ。誰が私の話など、読みたいと思うのだろうか？　友だちは、あなたは天使と人間をつなぐ橋になるべきだ、そうでなければ、すでに知っている人しか本を読んでくれないだろうと、頑固に言い続けた。でもこのドロシーとは、誰なのだろうか？　そのどこが、本に書く価値があるのだろうか？　私は本を書くのを止めた。直観的に瞑想も中止して、サンフランシスコ周辺の活気に満ち、好奇心に溢《あふ》れた生活に浸《ひた》り切ることにした。友人たちは私を超能力者としてではなく、一人の人間として、扱ってくれた。

間もなく、ディーバや妖精の話は、超常的現象として喜ばれているということに、私は気がついた。しかし、ディーバとコンタクトする時は、私は自分の感情や思考を超え、アストラル界や超常現象も超えて、すべてのものと一つになるレベルまで、達しなければならなかった。それに超常現象は私には関係がなかった。私の天使との体験に対する、人々の異常なほどの関心の理由は何なのだろうか？　逃避なのだろうか？　きっと、人は実際の世界から逃《のが》れるために、幻想を求めているのだろう。それとも、ディーバの世界やディーバとのコンタクトには、人間が生き残るために、今知らなければならない大切な何かがあるのだろうか?

私たちはこれまでの伝統が変化する時代に生きている。三百年近くの間、ユダヤ・キリスト教の私たちは、歴史に現れた大部分の文化からみれば、非常に非伝統的と思われるであろう社会に生きてきた。私たちはほとんど完全に、科学から導き出された世界観の中に自分を包み込んでいるのだ。その科学は自然とは決別して、人間が作ったものに一義的な価値を置き、自然を単なる原材料としか看なさない技術や産業偏重に陥っている。自然の目に見える世界や見えない世界との分離状態は、私たちの文明に固有のものだ。人間の歴史の中で、ほとんどの文明は、すべて、命あるものは霊または精霊を吹き込まれていること、霊は形を持たずに存在し、形よりも前にあって、形を作る責任を担っていることなどを、信じていた。こうした信念が現実を反映していることは、数え切れないほど多くの人々が、何世紀もの間、体験してきたことなのだ。

たとえば、エジプト人は多くの神を持ち、それらを生きている者として、自分たちの日々の生活の一部として見ていた。ギリシア文明では自然のさまざまな形に加えて、勇気、知恵、愛などの特質が、神々の現れたものとして考えられていた。ヒンズー教やチベット仏教などの東洋宗教には、何千という神や女神がいて、唯一絶対の神のさまざまな面として、崇拝されている。世界各地の部族社会はそれ独自の神々を持っている。アメリカ原住民は、自然の基本的な力と特別に親しく、生活に根ざした関係を持っている。これは彼らの環境との関わり方や文化の創造に、大きな影響を与えている。キリスト教でさえも、天使学を持っているのだ。

しかし、ユダヤ・キリスト教はおそらく、自然とのつながりが最も少ない宗教だろう。キリスト教は、異教を抑圧するために、自然の神々や魂を祝い尊重するための祭りを横取りした。それをキリスト教の教義に解釈し直しては、こうした祭りをそれ本来の意味と自然とのつながりから、切り離してしまったのである。この自然との分離は、私たちの現在の非伝統的社会が発展するために、大きな貢献をしている。今日の社会は、私たちのまわりにある物の中に、霊的なものが存在する可能性を完全に無視し、自然を私たちとは別のものとして扱うという、物質主義的世界観によって、支配されているからだ。自然を私たちもその一部であり、私たちが交流し協力しなければならない有機体として見るのではなく、私たちが支配しなければならないものとして、見ているのだ。こうした社会の結果の一つが、ますます汚染され、破壊されている環境なのだ。今や、私たち一人ひとりが、この惑星上に存在する豊かで多彩な命の存続を危機に陥れているのだ。

しかし、天使の世界やエネルギーは、まだ、私たちの手に届くところにある。そして最近はそれがますます注目され、受け入れられ始めている。私たちの社会も再び変わり始め、フィンドホーンのように、霊的存在との交信によって作られた場所や私のような人間が、信用されるようになりつつある。神が復活しつつあるのだ。

でも、なぜ今、その神々が復活し始めたのだろう?

神々が復活している一つの理由は、人間の探求心が迷信を取り除き、「向こう側」の恐ろしいイメージが打ちこわされたことだろう。今、人々は自分を、自らの世界を作っている力の一部として認め、もう一つの真実の世界、つまり天使の世界と、直接つながれるようになったのだ。天使、ディーバ、神々などは物質次元とは違うレベルに住んでいるという事実だけでも、私たちが彼らを崇拝し、怖《おそ》れ、慰《なぐさ》めや願いを請《こ》う対象として看なすための十分な理由なのだ。そして今、私たちは、自らもまたディーバの次元と創造的な力を持っていて、自分の世界を統括し、ディーバと対等につき合えることを、わかり始めている。ディーバも私たちも、地球上で、また別の次元で、共に生活し、学んでいる仲間なのだ。私たちもまた宇宙存在であるからには、自然や神を怖れる必要はなく、この地球上で互いに相補い合う役割を持っているのだ。

高次の意識で働くことを学ぶにつれ、私たちはこの惑星の運命を引き継いでゆく。進化の天使は次のように言っている。

私はあなた方の体を、要素を巧みに調合して形作り、愛をこめて、あなた方の命の個性的表現を作り上げました。私は今、この仕事を、自分自身の全体性を受け入れた人々にゆだねます。あなた方は、この地球とそのかなたに、新しい型（パターン）と次元を創造するために必要なものを、すべて持っています。これはあなた方の大きな責任なのです。

別のディーバは、自分の個性を知っている人たちは輝く存在であり、天使たちも彼らに力と愛を求めにゆく、と言っている。

このような人は、地球上における私たちの仕事の最高傑作であり、彼らはあらゆる世界に力を及ぼしています。そして、尊敬されています。彼らは地球の主であり、彼らが観察するすべてのもの

の主です。また、この時代の知恵であり、未来の光なのです。

しかし、人間はまだ、世界の光となる段階にはいない。私たちはこの地球を破壊しているとまでは言えないとしても、まだ搾取《さくしゅ》している。それにしても天使の存在は、現在の私たちの状況に必要なのだろうか？ 自然の天使たちに気づき、彼らとの協力の可能性を知るには、今よりも適した時期はないように思われる。

芝生の雑草だけを枯らす2・4・Dを使ったときの、何も知らなかった父の嬉《うれ》しそうな顔を、私は今でも思い出すことができる。あれから三十年たって、世界の生物学的バランスは混乱している。有害物質が私たちの食べ物の中にまで濃縮され、呼吸はしにくくなり、川も湖も下水のようになり、海でさえも汚染されてしまった。そして、多くの動物や鳥が絶滅の危機に直面している。マサチューセッツ工科大学のJ・W・フォレスター教授によれば、私たちの世代で起こっている変化の量は、過去二千年間に起こったそれと同じなのだそうだ。

過去はもはや、私たちの参考にはならない。技術的には環境を大きく変えることができても、それが引き起こす結果を前もって評価するだけの十分な知識を私たちは持っていない。フォレスター教授によると、現代社会の複雑にもつれた相互関係をときにほぐすには、私たちの知性はまったく役に立たないという。進化のプロセスは、この世界の仕組みを正しく理解するための知的能力を、私たちに与え損なったのだ。そして、今のところ、人間の未来を作り出そうという計画は、すべて失敗している。アスワンダムは、その良い例だと思う。天使と協力し、私たち自身の天使的な力を発揮することが、私たちが作り出した混乱に対する唯一の答えなのだ。

そして、人生に充実感と意味をもたらすためには、次のようなことを知る必要がある。すべての物の背後には知性が宿っていること、私たちと自然は同じ意識を共有していること、すべてのものは愛と笑いに反応すること、私たちはすべての存在と双方向の交信ができることの四つだ。私たちはもう、孤立した者として行動する必要はない。宇宙の一員なのだ。そして、地球に奉仕できるのだ。今や、新しい運命を獲得しようとしているのだ。

ガリレオとニュートンが自然の働きは機械論的に説明できるという思想を作り出すまでは、人智を超えた目的が世界を統治していると、人々は信じていた。科学的な思考にとって、動きと質量の原理や法則は、創造主としての神を必要としなくしてしまった。ダーウィンの進化論は、さらに強力にこのメッセージを訴えた。西洋社会の私たちは、こうした原則を受け入れ、ついに私たちの個人的な世界も、目的を見失ってしまったのだ。

今、心理学者は目的意識を感じることがいかに大切か、気づき始めている。カール・ユングは、人生に十分な内容や意味がないと、人はノイローゼになることを発見した。しかし、その人がより広い人格を形成することができると、一般にノイローゼは消えてしまう。アブラハム・マズローは、自己実現した人（完全に統合された自己全部で活動している人）は、例外なく、自分が大切に思っている仕事や役割に身を捧《ささ》げていることを発見した。この人々は自分の仕事に本当に興味を持ち、楽しく、充実していると感じているので、非常に良く働き、仕事と遊びが一体化している。ディーバにも、仕事と遊びの区別はなかった。

マズローはまた、大切な仕事を持つだけでは不十分だと考えていた。自己実現した人は良く働き、規律と訓練を実行し、成功する必要がある。そのために娯楽は後まわしということになる。マズローにとって、この時代の究極的な問題は、無価値感だった。ユングも、プエブロ族のアメリカ原住民を訪ねた時、彼らの尊厳と穏やかな態度に感銘を受けた。そして、自分たちは太陽の息子であり、太陽が天を渡ってゆくのを手伝っているという信念からそれが発していることを、発見した。これが彼らの人生に宇宙的な意味を与えているのだ。私たちを本当の意味で豊かにするのは知識ではない。私たちには他の何かが必要なのだ。意識するしないにかかわらず、人生の意味について何か信念を持っていないと、私たちは押し流されてしまう。親切は良いことで、冷酷は悪いことだと知っているだけでは、不十分なのだ。それでも、良くあろうという気持ちは必要だ。そして、それは誰もが持っている。

私は良くあろうという気持ちは持っていた。なぜ私は自己実現していないのだろう? 自分の良き思いを、実行に移さなかったのだ。私の人生には、善悪の問題がくり返し起こっていた。私はキリスト教の教えでは満足できなかった。次の教え、ハズラット・イナヤット・カーンの教えは、善悪は大ていの場合、人が決めた基準であって、国によって違い、外見は道徳的に見えても、結局は堕落をもたらすということを、私に悟らせてくれた。それでも子供はみな、善悪の感覚を自然に持っている。子供は悪い波動を感じるからだ。混乱しているのは大人なのだ。イナヤット・カーンは、人は自分自身の霊に相談し、自分自身の気持ちから善悪と正誤の区別を学ぶべきだと、信じていた。この自然法則を人間が取り入れれば、世界の悲劇の大部分を終わらせることができるだろう。霊魂だけが善悪を見分ける力を持っているのだ。そのためには、私たちは悲しみと苦しみを体験しなければならない、と彼は言っている。

良きことを見い出すためには、比較のために悪も見る必要がある。つまり、あらゆるものは反対のものの存在によって区別されるので、私たちは苦しみと喜びを体験しなければならないのだ。イナヤット・カーンによれば、悪とみにくさは良きことの影であり、人間の限界のある意識の中に「存在」していて、実際には、影と同じように実在しないものなのだ。純な魂に「刻印」された罪の意識は、心の病気の一つである。本当は、魂に刻み込まれるような罪も徳もないからだ。両方とも、魂を曇らせるだけだ。魂の本質は、神聖なる知性に他ならない。私たちが善を信頼すれば、影でしかない悪は消えてしまうだろう。

こうした教えはみな、私のとらわれを軽くするのを助けてくれた。そして今でもまだ、私にとっての真実を含んでいる。最大の困難は最大のチャンスだという教えは、私が自分の人生で何回も証明してきた真理である。星占いで、人生のある時期、あらゆる事がうまくゆかないだろうと言われたことがあった。その時にはそんな事は知りたくなかった。しかし、その困難な時期とは、私が初めて本当に霊的な第一歩を踏み出して、ジョンに対して利己的ではない愛に基いて行動した時のことだった。

私たちの抱える問題は、私たちを霊的な目覚めへと追いたててくれるのだ。それでないと、私たちは善良な人間というレベル以上には、成長しようとしないだろう。

全体性の回復は、天使が常に伝えようとしたテーマだった。天使はまた、こうした二極性は人間を無知から全体意識へと、成長させる役割を果している、と言った。前に、私は天使は相反する事柄を超越していると書いた。これは、彼らの本質は全体性の世界にあり、天使は相反する事柄に価値をつけず、判断も下さない、という意味だった。多くの創造物は、相互に補完し合っている対照物の関係から生まれている。そして、ディーバもこの原則を創造のために利用している。形のある世界に住んでいる私たちには、新しい価値を選び、成長し続けるために、自分なりの価値感や善悪の観念がまだ必要なのだ。

選択はとても大切である。私たちがすぐれている点は、選択の自由を保ち、完全な適応力を持ち、何でもできるというところにある。私たちに起こることはすべて、何らかの目的があって起こるのだから、悪には抵抗すべきではない。抵抗は苦しみをもたらすが、解決はもたらさないのだ。また、私たちは自分の悪を許すべきではなく、むしろ、自分を理解し、自分の全体性を取り戻す努力をすべきである。道と一つになり、何も望まず、自分の天使の部分と一つになって働く時、私たちは道と共に流れることができる。ローザクは次のように言っている。

心理学は将来、人々の精神的な疲労は、可能性と現実の間の緊張から起こっていることに、気づくことだろう。進化しつつある未完成の動物としての私たちの役目は、自分自身になることなのだ。しかし、残念なことに、小数の恵まれた人々を除いて、私たちは自分自身が何物であるか、知らないのである。

そう、私たちは自分が何物か、知る必要がある。自分が何物か知ることこそ、キリストへの道なのだ。私たちは、自分はそれを行なう力を持っていると思えた時に、やっとその事を行なおうとする。たとえば、私はそうできると思える状態になるまで、天使とコンタクトしようとしなかった。ディーバはずっと、私たちの可能性や、私たちが何者であるかについて、私に教え続けた。私たちは創造の神であり、無限の可能性の持ち主であり、天使の世界にいる彼らと一体なのだ。天使と一体であることは、イレーネ・クレアモント・デ・カスティジェホの『知っている女』の中に、心理学の用語で次のように書かれている。

大部分の子供は、自然の全体性にぼんやり気づいている。すべてがすべてとつながっていて、自分もまたその全体の一部であることを、意識しているのだ。また、女性の多くも、このことをどこかで覚えている。子供が時として賢いことを言うのは、まだ分化していない精神のこの層から来ている。この層には、芸術家の知恵や預言者の言葉が宿っている。こうした言葉は間接的な言いまわしによって、聞く耳を持つ者にのみ聞こえ、まだ成長していない者にはわからないようになっている。

私は、この文章はディーバの意識と溶け合った時の私の意識を、巧みに表現していると思った。私は何回も、なぜ天使とのコンタクトが私に始まったのか、不思議に思った。それまでは、一人で自然の中にいると、すべてのものと至福にみちて一体になれるだけだった。デ・カスティジェホのユング派の本では、この分野は女性性意識、広がった意識として、焦点を絞った意識である男性性意識に対するものとして、触れられている。もちろん、人間は誰でもこの両方の意識を持っているが、一般的には、広がった意識は女性の方に多く見られる。女性は大体において、関係性に関心があり、男性は人生のさまざまな側面での、方法論や理由に関心がある。この両方のやり方は互いにもう一方がなければうまくゆかない。ぼんやりした直観は、きちんと生活に応用されなければ、無用の夢にすぎないのだ。しかし、全体性の感覚を欠く具体的応用は、私たちの世界に現在の深刻な矛盾をもたらしている。個人の中でも人類全体でも、女性性はこれまでずっと、男性性に従属してきたのであり、今やっと、解放され始めているのだ。

デ・カスティジェホは、女性の内には、「あなたは十分ではない、という絶え間ない声が存在する」と書いている。私にとってもこれは事実であり、自分の一部を否定していることに、私が気がついた。私たちがこのように自分を思い込むのは、女性がライバルになるのを怖れる男性の集団無意識と、女性を今のままの立場に置いておきたいという、彼らの強烈な思いの産物なのだと、彼女は説明している。しかし、実はそれ以上なのだ。これはまた、知性の支配したいという欲望でもあり、知性が発達するために必要な一段階なのだ。この段階の間は、人類はディーバの意識、つまり、広がった意識を否定する。そして、この広がった意識を持っているのは女性なのだ。今、私たちは自分の生まれながらの権利を主張し、知性的価値を身につけるかわりに「女性性」がいかに大切か、理解し始めている。

天使の意識は焦点が定まっていないと言っているわけではない。明らかに焦点は定まっている。彼らは元型パターンを保って、それを完全な花や体へと無限のしかも一つひとつ正確な形へと、変えてゆくからだ。しかし、人間と違って天使は焦点を定めながらも、決して全体像を見失うことはない。

約二十五年前の内からの導きによって、私は知性的な価値に従うのは止めて、「高次」の価値に集中しようと努力してきた。いつもそれに成功したわけではない。今思えば、ピーター・キャディとのけんかの大部分は、彼の何かの行動が、私の広がった意識を刺激したからだった。しかし、彼と対立すると、私は理性で議論していた。内容的に私の議論はいつも意味をなさず、怒りの感情と自分が何をしているのかわからないために、ますますそれはひどくなるのだった。ワンネスの気づきを大切にし、自分の基準をそこに置くことを学べば、私たちのビジョンを実現する時に、必要な知性を使えるようになる。その時は、知性はもはや主人ではなく、広がった意識の知恵を表現するために自分の能力を使う者として、全体性の中に自らの本当の居場所を見つけることができるのだ。

こうしたことの実現には、芸術家と霊的な教師がとても重要である。芸術家は、焦点を定めた意識を基本とした社会で育ったにもかかわらず、ディーバの意識とのコンタクトを保っている。彼らは自分の個性全体を表現するという大きな才能を持っており、それゆえに、彼らの人類に対する貢献は非常に大きな意味を持っている。ウィリアム・ブレイクはこのことに気がついて、芸術を重要視し、想像力は他の力よりすぐれており、芸術は想像力の言葉だと考えていた。今、さまざまな人生の道を歩む人々が、それぞれの分野で自分の個性を表現し始めている。

現在の世界の状況の中で私たちに必要なことは、自分と自然の全体に対する意識だろう。これは女性の方が身近に感じ、同調している意識である。しかし、女性は過去にとらわれずに、自分の体験の中で有益なものを見つけ、大切にすることを学ばなければならない。詩人や神秘家が持つ自然との親しい関係は、すべての人が持つことができるのだ。そうなれば、私たちの文化は略奪主義から、地球とそれを超えたものの美しさと価値を理解し、それと交信する方向へと、変わるだろう。私たちが自分を分裂させるのを止める方法は、私たちの両性的な全体性を認めることだ。この場合も天使がその良い例だと言えよう。彼らは両性具有であり、女性性と男性性を、状況に合わせて使い分けている。

私たちが他の人や私たちの世界と関わることができるのは、私たちの神の部分からだ。自分とうまくいかない時、私は宇宙ともうまくいかない。良い関係の基本は、自分と一つになり、すべてのものの本質と一つになることだ。ディーバは私をこれ以上ないほどに助けてくれた。彼らとコンタクトするには、私は自分自身の本質である、私の魂まで広がってゆかなければならなかったからだ。

ディーバは、私たちの性質の矛盾は、私たちの問題だと言った。彼らは沢山のヒントを与えることはできた。私がくせで自分を制限することばかり選んでいるのに気がついたのも、彼らのおかげだった。しかし、彼らの世界は明確で選択の自由が無いので、二つの世界の間のかけ橋になるのは、私たちの人間としての特権なのだ。

人間と天使の間に橋をかけるという人間の能力は、人間の特質である緊張と二極性から来ていると言えます。それは初めからあなた方の成長に組み込まれています。橋をかけるということは、緊張を解き放ちすべてを受け入れ、神、生命などと呼ばれ、すべてを含んでいる喜びのエネルギーとして、それを私たちと共に感じる、ということなのです。そして、私たちは歌い、エゴの誘惑の歌もいつかは私たちと同じ歌を歌うようになります。自分自身を知るに従って、あなたはすべてを知るからです。ですから、人生がもたらすものを、すべて抱きしめなさい。それは大いなる喜びへとあなたを引き寄せるための、喜びからの贈り物です。それを通して、あなたは、花のように美しく、どんな自然の力よりも強力で、太陽のように大きく、大自然と同じように創造力に富む人間になるのです。そして、私たちが共有する命の中で、あなたでも私でもなく、私たちは一つになるのです。

カリフォルニアで学び、本を書いている間、小さな町に生まれた保守的なカナダ人の私は、両性具有であることさえ、受け入れるようになった。私がまだ十分ではないことを一番良く知っているのは、私の中の田舎娘だと思うが、私の天使の部分はもっと深い事柄を知っている。そしてこの二つの私はもう戦わないだけでなく、二つに分かれることもないのだ。いつだったか、私の神性に同調しようとして、すぐに自分の中の大いなる存在に気がついたことがあった。そして感情的になるのが嫌いなのに、私は感動と喜びを感じ、私のほほを涙が何滴か、ころがり落ちていった。私のいわゆる高次の自我と低次の自我が一つになったこの体験を経て、私は自分の性格を愛せるようになった。そして人生を十分に表現するために必要な道具として、魂が選んだ乗り物として、それを本当の光の中で見ることができるようになった。長い旅はまだ続いている。しかし、私は現在をリラックスして楽しんでいる。そして、何が来ようと、それは私の人生の一部なのだから、歓迎して楽しみ、そこから学べばいいのだと、知っている。さまざまな矛盾や問題は、人生に味わいを加えるスパイスなのだ。

第12章
人間と天使の今

別の世界を体験したいと思っても
私たちはそこに行けるわけではない。
すべての行動、
まわりのすべての音や色、
すべての関係を
完全に意識することによって、
そこに行けるのだ。

天使は私たちの未来を示している。もっとも、彼らは未来という言葉は使わない。彼らにとって、未来は現在の中に含まれているのだ。まだいつもそうは思えないとしても、今、私たちは全的な存在である。そして自分自身を受け入れなければならない。しかし、天使は人間と同じ道を辿《たど》ってきたわけではないので、「これが道です。私たちもこの道を歩いてきました」という道標となることはできない。そして、この地球には、多くの道案内がいる。たくさんの偉大な教師たちが地球を通り過ぎてゆき、私たちはそれぞれから学ぶことができる。それでも天使は、彼らの高い視点と私たちとの交流によって、私たちの本当の姿や、私たちの前にある階段を、見ることができるのだ。そして、私たちが自らの神性と目的に目覚めるのを、助け続けるだろう。今、私たちは自分から、彼らに協力を求めることができる。第十章で述べた創造的生活スタイルは、天使へ通ずる道であり、天使が生きている道でもあるのだ。喜び、愛、柔軟性、自由、調和は私たちの本質であり、すべての命に共通する基本的な資質だ。しかし、私たち人間は、それをもっと知らなければならない。私たちはまだ、自分が何者なのか、知らないのだ。ディーバは私にはっきりとそれを説明して、私が何者なのか、教えてくれた。しかも、私が彼らと共に作りあげた意識の輪を通して、大自然とすべての命の中で、私が十分に気がつくまで、辛抱《しんぼう》強く語りかけてくれたのだった。

すべての花は私たちに向かって、すべての命が持つ神性とハイヤーセルフについて、語りかけている。私たちも無意識にそれを知っている。私たちのパラダイスは庭園なのだ。宇宙を象徴的に描いているマンダラの図柄は、花を型どっている。しかし今、花たちは今までにない激しさで、「見なさい、考えるな。私たちをまっすぐ見て、そして神を見なさい」と叫《さけ》んでいる。私たちの知性はこの呼びかけを、「私たちの色を、形を、微妙な美しさを見なさい」と解釈するかもしれない。花の香りも、同じメッセージを発している。「私の香りを吸い込みなさい。これもまた神です」草、小石、森、流水、太陽も叫んでいる。「私に触れて私を感じなさい。私はあなたが溶け込み、ほめ讃え、彫り、形作るための、すばらしい命です。そして私も神なのです」私たちの味蕾《みらい》がおいしい味を区別して、私たちはもう一つの創造物、神のもう一つの表現を味わっている。自然の音も、人が作った音も、私たちを調和へと高め、神の響きを聞くための静寂に、私たちを置いて去って行く。

人間は奇跡のような存在だが、多くの人々にとって、花は完全でもっと強力な表現である。だから、その輝く美しさと清らかさと静けさ、そして力強い色彩から、創造主のすばらしさに気づき、私たちのディーバの部分へと高められてゆくのが、最もやさしいと思う。灰色の枝から春の白い花が咲くのを見ると、自然は神の栄光であることがわかる。「自然の神聖なる書物は、読み手を光へと導くことができる、唯一の聖なる本である」(イナヤット・カーン)私にとって、自然の美しさに同調するのは天国にいるようなものだ。意識の次元で自然と出会い、その知性と溶け合い交流することができることがわかれば、その喜びはずっと大きくなるだろう。

もちろん、自然はすべての人に同じ言葉で話しかけはしないし、ある人々には恐怖を感じさせもする。

それに、次の食事にありつくことだけを考えている人たちには、神の声は聞こえないだろう。それでも、数学の公式が、数学者の魂を目覚めさせることもあるかもしれない。ディーバと人間のエネルギーが交《ま》じり合ったものである芸術は、ゴシックの大聖堂や絵画、詩、バレー、音楽などを通して、多くの私たちに語りかけている。笑顔やセックス、またはスポーツなどが、超常体験をもたらすこともある。子供のような驚きの心を忘れなければ、まわりの何かが私たちの魂を高め、前よりも全的な人間になってゆくのである。

私たちはみな、未来へ向かって旅している。そしてゲーテが言っているように、「常に上昇しようと努力し、自分と戦い、よりすぐれた純粋性と知恵、善、そして愛への押さえることのできない欲求」を共通して持っている。これは努力と心の痛みなのだ。私たちの希望が未来を作り出すとは言え、未来と私たちのディーバの部分や超常的体験と「今」とを結びつけることによって、私たちは多くの苦しみから自分を救うことができる。実は、私たちはいつもそうして来たのに、それに気づいていないだけなのだ。これに気がつけば、自分と周りのものとのつながりが、もっと深くわかることができるだろう。そして自分たちは大きな生命宇宙の一員であるということがわかるのだ。すべての事にこのつながりを広げてゆけば、私たちも他のすべてのものも、もっと元気になるだろう。

科学技術を例にとってみよう。科学技術には何も悪い所はない。しかし、私たちの使い方には問題がある。自分が宇宙と一つであることを知らない、専門化しすぎた人々の手に渡ると、科学技術は危険なものになってしまう。どんなに複雑な機械であっても、すべては一つだという意識で接すれば、何も問題はない。すでに、フィンドホーンでの印刷機のディーバの話はしたと思うが、私たちはそれ以外にもいろいろ体験している。たとえば、ニュー・トラバドールズという合唱団は、テープに録音しようとすると、必ず機械のどこかが具合悪くなった。すべてが完璧だと思った瞬間、たくさんの機械のどれかが、故障するのだった。関係者全員が「高次の」エネルギーを呼び寄せる必要性を認識するまで、録音は成功しなかった。

もちろん、こうしたやり方は、何事につけてもあっちのディーバに頼み、こっちのディーバに頼むという、困った流行を生むこともある。これは間違っている。私たちはまず、自分の全体性を認めてそこから行動し、次にその意識レベルで周囲の意識とつながるのだ。こうして出会う天使は、私たちの混乱を整理しに来てくれる小妖精ではない。私たちが外側の混乱を認識できるのは、それが私たちの内なる体験の一部だからだ。私たちの大いなる自己だけが、天使の助けを借りて混乱を解きほぐし、新しい世界を作ることができるのだ。視野を広げることによって、私たちは自分の人生を変え、すべての中に命を発見し、錆《さ》びたカンカラにも美しさを見ることができるようになるのだ。実は、科学技術によって手に入るようになった大きな力は、変化の担い手なのだ。私たちは愛の道具としての技術をどう使えばよいか、学ばなければならない。それはナイフやハサミを大切にすることから始めればいいのだ。

北アメリカでは、私たちはこの大陸に伝えられている遺産を再建する必要がある。私たちがこうした遺産をほとんど、破壊してしまったからだ。私たちの先祖がどこから来たにしても、原住民の人々のように地球を母とし、自然のすべてを大切にしなければ、真のアメリカ人、カナダ人、メキシコ人にはなれない。アメリカ原住民にとって、自然はまさに、大いなる価値を持つ聖なる本だ。彼らの儀式を復活させる必要はないと思うが、すべての命に対する彼らの尊敬の念はとても大切だ。これは他の文化でも同じである。エドワード・ハイマンは、『源』の中に次のように書いている。

大昔の農民にとっても、現代からそう遠くない時代の農民にとっても、すべての植物、動物、石、そして地球そのものは生きていて、霊によって動かされていた。また、自己認識から、全体が機能するためには、心と物と魂と体が調和していなければならないことを知っていたので、生きている世界の体を動かすには、それを動かしている霊と一つにならなければならないことも知っていた。

現代のアメリカほど、自然に手を加えてきた文明はどこにもない。そして、私たち以上に、アメリカ原住民の遺産を必要としている文明もないのだ。

この事実を、サンフランシスコ周辺で、はっきりと思い知らされたことがあった。そこの自然のままの谷間でディーバに同調した時、私は彼らがショック状態にあるのを発見した。信じられなかった。前にも後にも、そこ以外で彼らと出会ったことはなかった。明らかに、白人の急速な侵入のせいだった。白人は巨大な機械で残酷に、無分別に、土地を攻撃し続けているのだ。ヨーロッパでは、環境の変化は何代にもわたって徐々に行なわれ、ある程度、人と自然の友好関係は保たれていた。スコットランドの各地では、小作農民は、家畜のふんを土地に戻し入れ、四年の輪作を行なう契約を、いまだに結んでいる。しかし、アメリカでは、かつて、人間は自然と親しい関係を持っていたのに、白人は自分が利用するためのものとして以外は、まったく自然の価値を認めずに、土地を奪い取ったのだ。アメリカで起こっている暴力の多くは、私たちがこの土地に対して行なった暴力のカルマ的な結果であるかもしれない。

そしてたぶん、汚されずにそのまま残っていた美しい谷間で私が出会ったディーバは、一年後、その谷間に迫ってくるブルドーザーを予見して、恐怖に立ちすくんでいたのだろう。

最も古い社会では、木が勝手に切り倒されることはなかった。木はどれも魂を持っていると信じられていたからだ。そしてこの考えは事実上の土壌保護条例として、効果を持っていた。私たちは現代版のそれに類するものを必要としている。そして、ディーバはそれを私たちに与えることができるのだ。

ディーバはまた、全体的な見地から彼らの助けを求めている人間と意識的に協力をすることもできる。彼らは人間が破壊した地球の自然を立て直すために、私たちと一緒に協力して働いてくれるだろう。彼らはまた、自分たちが作った植物の命を交配や新しい実験によって改良する時も、私たちと一緒に協力してくれるだろう。協力の方法を探し求めながら、環境科学者とも協力してくれるだろう。もっとお互いを思いやることから、私たちはそれぞれの役目を演じ始めることができるのだ。もし、一・五メートルの高さの生け垣が欲しければ、一・五メートルの高さまでしか成長しないかん木を植えればいいのだ。十五メートルの高さにならないように、毎年切りつめる必要のある木を、そのために植えることはないのだ。有毒な化学肥料を使うのは止めて、自然の肥料を使い始めることもできる。小型の「自然な」野菜や果物は、化学的に処理された大型のものよりも、ずっと栄養があるというディーバの話が本当であるとわかれば、私たちの食生活もいつか変わることだろう。

人間や天使を含む地球上のすべての命にとって、自然のままの地域は大切である。自然の力は人の干渉がない場所で最も強く、純粋なのだ。たとえば、大切に育てられた庭のすみれよりも、砂丘の小さな野生のすみれの中に、より大きな力があるのだ。私たち人間は比較することを考案し、魂から私たちを切り離した理性によって善悪の区別を作り、また知識を発展させた。私たちはその魂を取り戻すために、物質的な思い込みと比較する思考から自由になれる場所を必要としている。それに天使には人間のいない場所が必要なのだ。北極の上を飛行機で飛んだ時、ディーバは私に、凍《こお》りついた人の住まない不毛の地でさえも、地球には必要なのだと、話してくれた。木のディーバは、森林は人々が自分のバランスを取り戻すために、とても大切な役目を果している、と強調している。どんな小さな庭にも、自然霊が住むための、人の手が加えられない場所があるといいそうだ。地球と呼ばれているこの閉鎖システムの天然資源を上手に調和的に使うためには、私たちは自分たちの頭脳だけでなく、天使の知恵も利用する必要があるのだ。

動物についても、アメリカ原住民から学ぶことが多い。彼らにとって、それぞれの動物は、グレートスピリット（すべてを体現する者）のある側面を反映している。アメリカ原住民は、宇宙とひとつであるという知恵は、完全な謙遜《けんそん》の気持ちがないと理解できないと信じている。あらゆる創造物の前で、小さなアリの前でさえ、自分自身を低くし、自分が何者でもないことを悟らない限り、宇宙との一体感もわからないのだ。自分を無にした時、人は初めてすべてのものになれる。その時やっと、人はすべての命と兄弟姉妹であることが、本当にわかる。人の中心、または命は、すべての命の中心と同じなのだ。命の中心でつながった同朋意識は、さまざまな生命体をつなげるための最も大切な鎖《くさり》なのだ。これは、私の願いを聞き入れて、四年間私の邪魔をしなかったねずみの話と同じである。あの体験があってから、私はねずみとつながっているように感じ、彼らも同じように感じているようだ。私の想像に過ぎないかもしれないが、現実に基いた、とっても建設的な想像だと思う。すべての命とこのような関係を持つのはすばらしいことだし、決して不可能ではないと思う。私たちはみな、究極的には小鳥と話をした聖フランシスコなのだ。特に、人間が地球上の命の恐しい破壊者であることがわかった今、このことは大切である。ペットと平等な立場で心を通わせれば、もっと深いレベルの反応が返ってくるだろう。すべての命に居場所があることを知り、それを尊重することも必要である。すべての野生動物を絶滅させ、家畜をもっと搾取《さくしゅ》したいと望んでいないのであれば、動物世界のために私たちの力を行使するのは、私たちの責任なのである。

薬剤をまいて耐菌性のある害虫を作り出すかわりに、彼らとの協力的な取り引きが可能だと思う。ミツバチを飼っていた時、私が天使に助けを求めると、すばらしく賢い存在に出会った。彼は私に、ミツバチを扱う時は心を穏《おだ》やかにして、ハチのやり方を学び、それと調和してから、私自身の感覚に従いなさい、と教えてくれた。すると、私の接し方によって、その地域の誰よりもたくさん、ハチミツを取ることができた。それよりも昆虫たちと心を通わせる喜びと深いいとおしさは格別だった。

すでに私たちは未来への道を示してくれる多くの偉大な先達を持っている。ディーバは私たちがお互いと触れ合うための、新しい何かを与えてくれるのではなかろうか？　彼らは思う存分生きるための完全な自由について、教えてくれるのだ。人間の教師はどんなに偉大でも、欠点を見せる時があるが、ディーバはみな、軽やかで欠点が見つからない。これは人間に対する批判ではない。過《あやま》ちを犯すのは人間的であり、人間のかわいい所はまさにその不完全なところなのだ。こんなにも多くの迷いのある人間が、今、自分の中のキリスト意識に同調しつつあるからこそ、天使のようなお手本を持つのは、すばらしいことなのだ。

少なくとも、私には天使はお手本として役に立った。たとえば、天使は謙遜家《けんそんか》かどうか、私は自問する。いいえ、ちっとも。彼らは自らの力の中で光り輝いている。彼らは利己的だろうか？　いいえ、決して。彼らは、神の中で、お互いの中で輝いている。人間がなぜ同じようになれないのか、私にはわからなかった。ディーバの姿こそ、すべての宗教で言われている、人間の最高の目標なのだ。人間の誤った生き方と利己的な行動が明らかになり、社会がまさに崩壊しようとしている今、私たちは自分の天使の部分を完全に見失ってしまう危険に瀕《ひん》している。私たちは自分を再評価し、女性性の「焦点を絞らない広い意識」を認め、全体像を知った上で、必要なところに意識を向ける必要がある。数多くの現代思想家が指摘しているように、このことはすでに、北アメリカのある地域では起こりつつある。北アメリカは、良きにつけ悪しきにつけ、世界の先駆けなのだ。アメリカの使命を果すためにも、「すべての人間は平等に作られている、という真理を、私たちは自明の理として尊重する」という宣言を実現させるためにも、私たちは自分の天使の部分を発見しなければならないのだ。

人間には目新しいディーバの生き方の一つは、彼らが苦しまずに学ぶことである。苦しみは私たち、人間のやり方なのだ。仏教の第一の教えは、すべての命は悲しみに満ちている、というものである。第二の教えは、その悲しみは執着によって引き起こされるというものであり、第三の教えは、悲しみからの解放は、執着を諦《あきら》めることによって得られるというものである。この解放はニルヴァーナと呼ばれている。多くの人々は、ニルヴァーナとは、欲望や怖《おそ》れを持たずに体験した時の、あるがままのこの世界であると信じている。私は、自分の力を全部使えば、私たちはこの世界で、ディーバと同じように自由になれると信じている。私の人生を振り返ると、確かに苦しみは内への探求に私を駆り立てる拍車のようなものだった。しかし、私はもう惨《みじ》めな気持ちに陥ったり、決断できずに苦しんだり、薬を欲しがったりはしない。目的や行動を発見するためには、自分自身に同調すればいいのだ。

意識とは、物を知る能力である。意識が意識する対象を持たない時、それは、純粋知性である。もし、私たちが自分は知性も愛も持っていないと信じると、私たちは愛を自分の世界から閉め出してしまう。みんなに自分は嫌われていると思っていたら、どうして愛されることができるだろうか？　私たちは自分自身が最悪の敵なのだ。私は、自分が自分自身の世界を作っているのを知っている。そして、その中でまだ苦しむこともできるが、結局は、他人のせいではないと気がつき、自分自身と向き合うことによって、変わるしかないのだ。キリストや神や天使などに助けを求めるエネルギー自体が、変化への触媒であり、私の信念と同じくらい強力なのだ。これは何も新しい教えではない。すばらしいのは、楽しげで軽やかなディーバの生き方なのだ。

もし、天使が何か新しいものをもたらすとすれば、それは喜びだろう。これは今の時代にふさわしいものだ。殉教と苦しみの日々を捨て、知性から直観へと大きな一歩を踏み出そうとしている今、私たちは自分の中の喜びを、表現できるようになりつつあるからだ。ディーバは私の欠点を指摘する時も、楽しそうに言ってくれるので、私はそれを私だけの欠点でなく、一般的な問題として、見ることができた。

自分に起こることは全部、私が自分に引き寄せているということが、私の生き方の一部になるまで、何年もかかった。今、私たちは自分の大きさに慣れ、自分の中にある溝を埋めるために、時間と絶え間ない調整を必要としているように思える。私たちはまだ、自分に言いわけをし続けている。そして、私たちの行動の背後には、文化的個人的な思いや記憶がひそんでいる。そのことに本当に気がつくまでは、その思いや記憶は私たちを苦しめ続けるだろう。直観的な認識、高次元との同調、超越、直観などが大切であることを私たちが認めるまで、理性は自分の優位性を保つために、戦い続けるだろう。直観や高次元との同調を認めた時、私たちは自分自身とつながり、生き方を変え始めることができるのだ。

ディーバは、私たちがすでに知っているが実行していない教えについても語っている。たとえば、愛情深くあれ、肯定的に考えよ、エネルギーを良い方向に使うべし、常に内なる平和に同調せよ、といったことだ。混乱と苦しみに反応すれば、私たちは古い分離され細分化された世界から、離れられなくなる。心配するのは止めて、喜びを爆発させよう！ ある人々にとっては、こうしたやり方は事なかれ主義であり、自己陶酔的で、非現実的に見えるかもしれない。私たちが人生から少しでも逃げていたら、その通りだろう。私たちは社会そのものなのだ。私たちは自分がいるべき場所を見つけ、自分に忠実になって、人生の導きに従ってゆかなければならないのだ。私よりずっとすぐれた料理人に、何百万人という飢《う》えた人々を食べさせる仕事はまかせよう。私の役目は、どこかの意識レベルで、もっと食料生産をうまく行なうための秘密を、発見することなのだ。

命は動きであり、エネルギーであり、変化であると、ディーバは常に繰り返していたが、これは私たちの忙しい現代世界と一致している。古い固定した慣習や道徳は、死んだ貝殻みたいなものだ。それでも、善を行なうという永遠の道徳はまだ生きている。そして権力や物質的な成功のためにその道徳を破る人々は、この人生においてさえ、充実感ではなく、破滅を味わうことだろう。石油会社のような現代の大金持ちは、全体に奉仕しないかぎり、同じような自己破滅の道を辿《たど》ることになるだろう。私たちはもはや、命の相互関係を否定することはできない。しかし、ディーバのように、内なる小さな声と調和して生き、その時にできる最高のことを行なっていれば、私たちは新しいエネルギーの波と溶け合うことができる。私たちが自分の神の部分に同調する時、すべての創造物は私たちに同調する。そして、自分の行動が成果を上げ、本をぱっと開くと、求めていた答えがそこにあり、会わなければならない人物が急に姿を現すことに、私たちは気がつくのだ。人生の大きな波が次の波へと私たちを運んでゆくまで、私たちは波のてっぺんに乗っている。私たちはより精妙なエネルギーを放射し始めている。そしてディーバのレベルで問題を見始めると、ディーバの力の渦の中で問題は消えてゆく。私たちの一番すぐれた思想は強力になって、人間関係に、菜園に、芸術にと、形として現れてゆくのだ。

新しい次元との協力の第一歩は、そうすることを選択することである。それは、「**私は信じる**」または「**私は知っている**」と言うことだ。私たち人間は奇妙な混合物だ。自分たちが神であるとは信じていないのに、私たちは神のごとくに振舞っている。私たちは、自分たちこそが、地球の唯一の支配者であると当然のように思い込んでいるのに、自分自身の神性にまだ目覚めていないのだ。自分の内の悪魔は喜んで認めるのに、自分の中の神を認めることは恥じている。天使も言うように、今こそ、私たちは自分が何者であるかを知り、対立している部分を統合させなければならない。迷いから目覚めることが、新しいスタートへの第一歩なのだ。すべてと一つになった時に、私たちと地球は、生き伸びることができる。私たちがすべての命と一つであることを悟《さと》った時、お互いの違いをもっと認め合うことができるのだ。まず、自らの独自性と大きさと神性に同調して初めて、私たちはそれを知り、それと共に働くことができる。その気づきから、この多様な世界の他のものたちと、まじり合うことができるのだ。

ディーバは、私が他の人々とつながるのも、助けてくれた。緑の野菜の背後に陽気な知性が宿っているのを知って、私はすぐに他の人々の顔や鏡に映《うつ》る自分の顔の背後に、元気な知性を感じられるようになった。天使が彼らの喜びによって私の中に喜びを目覚めさせたように、いつかは私も喜びで一杯になって、他の人々の喜びを呼びさませるようになるだろう。

私たちは平等なレベルで宇宙のすべての生命と交信し、働くことができるという事実の発見は、私たちにとって、一つの完成と新しい始まりを意味している。

永遠に続く私の探求は、その時々に私が行ける所まで、私自身と宇宙の中心に向かって私を連れて行った。そこから私は天使の世界へと導かれ、その世界を探求していると、すべてのものの中心へと連れて行かれた。天使の世界では、私は自分たちの現実的な世界について、夢にも思わないほど多くのことを学んだ。私たちは創造的な方法で助け合いながら、この世界のすべてのレベルを扱うことができるのだ。そして、地球上のあらゆる生命と共に、もっと創造的な世界へと進むことができるのである。

これまでのところ、私たちはただ、私たちの内と外にあるディーバの世界の表面を、少しひっかいたにすぎないのかもしれない。私たちも宇宙も、未知のものや変化する次元に溢《あふ》れている。しかし、自分自身の内側への旅ほど、興味深くて深遠な旅はない。私たちの内と外の宇宙の共同創造者である天使は、私たちの才能をどのように使うべきか、手本を示しているのだ。イギリスで人々が歩いているのを見て、歩くことの楽しさを発見したように、私は天使の国で、環境との創造的な協力方法を発見し始めたのだった。

まだ、先には長い旅が続いている。すばらしい能力を与えられた私たちは、進んでゆくだろう。そしてディーバが言うように、大切なことは、神である中心から意識的に行動する、ということなのである。

付録　ディーバのメッセージ

果物のディーバ　一九六四年二月一日

私たち、果物のディーバは特に愉快《ゆかい》な仲間だと思います。私たちは見事なおいしい果実をならせ、美しく香り高い花を咲かせます。果物は特に人間に適した食物であり、あなた方の体のためにも良く、あなた方が好きな食物でもあります。そのために、植物世界の中でも、私たちはあなた方に最も近くあるべきですが、そのようにはなっていません。あなた方は私たちを認めてさえいないのです。でも、私たちは気にしません。私たちは幸せです。幸せでなかったら、自分たちの仕事ができないからです。きっと、果物がみんな、すっぱくなってしまうでしょう！

幸せは根本的に大切であり、これは人間がまだ知らない秘密です。人間は、所有と権力を追い求めているからです。すべての人間が私たちに耳を傾けてくれるよう、望んでいます。そして、喜びなくしては何事も行なう価値がないこと、その行動に愛と喜び以外の動機があると、結果が損なわれること、そして結果は手段を正当化しないことを、理解して欲しいのです。私たちは知っています。私たちはあなた方の行動にこうした傾向をみています。あなた方も、心の奥底では知っているのです。花が無理やり咲かされたとしたら、見る人の心をやさしくできると思いますか？　いいえ、その花は正しいオーラを持てないでしょう。ですから、私たちは命のダンスを踊り、創造しています。あなた方も私たちの仲間になるよう、希望します。

ルバーブ（大黄《だいおう》）のディーバ　一九六三年十月二十日

私たちは前に会ったことがあります。誰かが植物に注目したり感じたりすると、その人の一部が私たちの一部と混じり合い、一つの世界ができます。こうしてあなた方人間は私たちとみなつながっているのですが、あなた方がこのつながりに気づくまでは意味を持たず、発展することもありません。植物は人間の食物となり、そのような方法で自分自身を与えて、目に見えるつながりを作っています。過去のこととは言え、こうしたつながりは、それを思い出すことによって、現在に持ってくることができます。記憶の有益な使い方の一つは、命のつながりを思い出すことです。

牧草のディーバ　一九六七年五月十日

私たちは空中に舞い上がって、磁力線を動かしているわけではありません。地上の数知れない生き物に私たちが食べ物を供給していると、モグモグという音が聞こえます。私たちは、私たちのカーペットで土壌をその場所にとどめ、葉や種子になって、自らを差し出しています。私たちの緑のカーペットがなかったら、音さえも変わるでしょう。こんなにも多くの命が私たちに依存しているのを、とても嬉《うれ》しく思っています。私たちは寛大で幸せな奉仕者であり、守り手であり、地下に住む命や、地上を歩いている命、そして、逃げたり隠れたりしている命とつながっています。私たちは小さなものたちにとって、森なのです。私たちは広がり、育ち、そしてまた広がります。私たちがいなければ、この世界は荒れ果てたおもしろ味のない世界になるでしょう。

私たちは豊かにしげっていますが、地上に張りつき、どんなさけ目もおおい尽します。私たちは自分がすべきことを知っていて、あきずたゆまず、それを行なっています。永久にその歯で私たちをかじり続けるものたちに、私たちが立腹しないのは見上げたものです。私たちは地面のすぐ上で陽気に雨や空気と仲良くして、ただただ、成長し続けるのです。このすばらしい世界で生き、成長できるのを、本当に嬉しく思っています。

シャクナゲのディーバ　一九六七年五月二十一日

陽気と陰気、日光と雨、存在への大きな愛、粘り強さと排他性。私たちはどこにでも落ち着ける所に落ち着き、根を下ろして仕事を始めます。私たちをこの菜園に連れてきて下さって、ありがとうございました。私たちに根づくことを許してくれたすべての人に、感謝します。私たちは根づくのが大好きだからです。

どの種類の植物も土地に貢献し、そこを変えてゆきます。あなた方人間が、分離した個人や特別のグループとしての機能から他へ進化しつつあるように、植物の世界も変わりつつあります。花は分化しなくなり、全地球的に画一化しつつあります。

私たちを見たら、どこでもいつでも、私たちとつながって下さい。私たちの関係のために役に立つからです。私たちと私たちの成長の仕方に気づいて下さい。新しい目で私たちを見て下さい。あなたが私たち固有の本質を吸い込むために、役立つでしょう。哲学とその国の植物生活は、あなたが考えるよりも、ずっと深く関わり合っています。今は、より広い世界のつながりが可能ですから、それぞれお互いの本質を見失わないようにしましょう。友だちでいましょう。

エニシダのディーバ――砂丘にて　一九六七年六月十二日

私たちは他の人々が来ないこのすばらしい広大な場所で、あなたを包みます。ここで、私たちはその香りで空気を満たし、小さな丘を黄金色に染めます。ここで私たちは一緒に日向《ひなた》ぼっこします。最も深い所にあるパターンから、空気、砂、水、湿度によって、私たちは黄金色の完全な花びらで、この見捨てられた土地をおおいます。太陽は私たちの光として、ハートとして、葉脈の暖かさとなって、私たちの上に輝いています。

そうです。天使たちはこの小さい谷間に入って来ています。ここでは、すべての音は本物で威厳があり、傷つけるものも争うものもいません。耳と目と鼻だけで不調和を感じる人間は湾に止まっています。しかし、ここではすべての感覚を使って、あなたは源へと向かうことができます。この場所では、神とのつながりは明らかです。

私たちにとって、そのようなつながりは、常にはっきりしています。私たちは地球や水、空気や霊と、すべての気孔を通じて一つであることを知っています。人間は盲目で散漫ですが、私たちは全体と一つであり、あの太陽と一体化しています。太陽は私たちの上に輝き、私たちはその上に輝いているのです。

私たちの色はどこから来ているのでしょうか？　私たちが要素から抽出し、私たちの知恵を、光り輝き、暖かく完全に、しかも恥《は》ずかしげに、野性的に、表現しています。これ以上、何かを語る色があるでしょうか？　この貧弱な土地で命を維持するために必要な暗さと厳しさとは対照的に、私たちは光をまとっています。私たちは花を咲かせて、光を証明しているのです。

あなた方のにせの価値の世界へと帰る時、私たちの本質を持ち帰りなさい。私たちが全体で完全だということを覚えていて下さい。そして、あなたもまた、全体で完全なのです。私たちはいつもそのことを、あなたに思い出して欲しいのです。

アスター（えぞぎく）のディーバ　一九六七年八月二十九日

再び、ディーバ王国のすばらしい喜びについて、あなたに話します。あなた方人間はあれこれ心配ばかりしてとても重いので、石のようにプールの底へと沈み込んでしまうほどです。あなた方は私たちから、私たちとあなた方が一体となっている所から、自分を引き離しています。それにもかかわらず、あなた方のその部分は、手まねきしながらそこにあります。そして、物質的な次元では、それは花を通して、あなた方に呼びかけているのです。花は、色、香り、形によって表現された喜びであり、心を高揚させ、なぐさめ、完璧さと希望を語りかけています。単なる植物が汚れた世界であれほど美しくいられるとしたら、人間の魂にできないことがあるでしょうか？　花を通して、私たちはあなた方に普遍的な言葉で話しかけています。そして、私たちに気がつけば、あなた方は応《こた》えずにはいられません。なぜなら、私たちが、表現しなければならないことを、あなたも表現しなければならないからであり、私たちの間には、完全な調和があるからです。

この美しい形の背後には、神のリズムの中で永遠に自由に踊っている、喜びに溢《あふ》れた精霊がいます。

彼らは全体と完全に同調して、上からのほんのわずかな指示にも、敏感です。あなたもまたそうなのです。私たちはただ、あなた方に自分自身を思い出させようとしているだけです。もっとその方向に目を向けることはできませんか？　自分の中を見れば、その高い場所が見つかるでしょう。外を見なさい。私たちはそのことについて語ります。あなたの目と耳が正しく焦点をあわせれば、すべてがそのことを語るでしょう。しかし、あなたが焦点からずれている時も、私たちはやはりあなたに神のすばらしさを思い出させ、あなたの意識をあげることができます。

そうです。私たちはあなたの意識を上げることができます。しかし、あなた方もまた、この地球の意識を上げることができるのです。私たちは小さな灯台のように、喜びの光線を送り出すことができます。しかし、あなた方もまた、動きまわって、世界全体に向けて、喜びの光線を送ることができるのです。そうして下さい。それも今すぐ始めて下さい。

チベットブルーポピーのディーバ　一九六八年六月十六日

私たちは生まれた場所のオーラを持っています。私たちにとって最も自然な環境への思いです。人間は、私たちを生まれ故郷から連れ出して、庭を飾るために世界中に広めました。私たちは人々の賞賛を喜んでいますが、私たちのままでいるためには、私たちが生まれた場所とのつながりを保つことが必要です。「日陰を好む」「酸性土壌が良い」などと、あなた方が分類したものは、結果にすぎません。成長の方向に影響するのは、魂であり、場所の全体的な感覚なのです。

私たちは私たちであるもののオーラを、私たちと共に持って来ています。形を持たない自由な私たちは、外国の庭に呼吸で息を吹き込み、私たちの植物に彼らの生まれ故郷の光を流し込んでいます。一つひとつの庭園を違う個性を持つものにしなさい。それぞれの庭はみな、魂だからです。人間のゆくべき道は画一化ではなく、一つになることです。それぞれの才能を生かしましょう。

バイカウツギのディーバ　一九六八年五月二十七日
（灰色の壁際に植えられた若い幸せそうなかん木）

あなたが私たちのことを考える前から、私たちはここにいます。私たちは常に、私たちの植物と一緒なのです。私たちはどんな小さな動きにもつき添っています。植物が育つのを見るのが大好きですし、無から完全なパターンへとその植物が成長するプロセスに一つの役割を果すのは、すばらしい喜びだからです。どんな小さい気孔もパターンからはずれはしません。要素から切り取り、まとめ、また切って、無限のデザイナーの作ったデザインを、私たちは実現してゆきます。

そして、人生は何と愉快《ゆかい》なものでしょうか？　一つひとつの原子は、そのパターンの中に喜びと共に保たれています。あなた方人間は自分の計画にしがみつき、「やらなければならない」と言って、物事を喜びを感じないで行なっています。あなたに与えられた輝かしい命が、そんなにも薄められ、隠されてしまうのには、私たちはびっくりしています。生命は豊かな喜びです。毛虫が葉っぱを一口かじる時、それはあなた方人間の誰にもまさる喜びと共に、かじっています。そして、毛虫はそれほどの意識は持っていません。私たちはぜひ、あなた方からこの鈍さを振り払って、人生とはもっと輝かしく、流れのある、創造的な華やかさに充《み》ち、満ちたり欠けたりする永遠に一つのものであることを、見せてあげたいと思っています。

あなたに話している間も、私は穏《おだ》やかに植物の成長を促《うなが》しています。世界中、私が成育している所はどこでも、私はそれぞれの植物のためにすばらしいデザインを持っています。数知れない場所に命を維持しながら、私は自由です。完全に無条件に自由です。私は神の命だからです。そして、私は生きていることを、本当に喜んでいます。私は天の高みにまい上がります。すべての心の一部となります。そして、ここに、あそこに、あらゆる所にいて、何一つ間違わずに完全なパターンを保っています。私は命と共にはしゃいでいます。私は命です。私は一つです。私はすべてです。

私はあなたの意識へ軽々と飛び込みました。ここで失礼します。あなたと共にすごすことができ、あなたが私の言ったことを理解してくださって、嬉《うれ》しく思っています。そして、光の国へと帰れるのを、嬉しく思っています。私たちのことを思って下さい。光と共に、私たちのことを思って下さい。

アメリカナデシコのディーバ　一九六八年七月八日

私たちが花咲く時、生命力の強烈な光が流れ込んでいる一株のアメリカナデシコに、あなたは同調しています。あなた方は私たちと自分自身の両方を測定します。そして測ったものをリストにし、それぞれの性格を分けますが、それでも私たちは一つです。あなた方の知識、測定、分類のすべては、一つの命の現れとして私たちが働いているレベルから見ると、幻想にすぎません。私たちが共に動き、喜び、話し合う所には、真の自由があります。そして、私たちは何の障害もなしにお互いの存在の中に出たり入ったりできるのです。

外側のレベルに十分に現れ、すべてと一つになり、同時にそのワンネスを意識することが人生の目的であることが、わかりませんか? それが真実なのです。あなた方の神も私たちの神も同じだからです。私たちは私たちの色をあなた方に送り、あなた方はあなた方の色を私たちに送っています。そして両方とも一つで同じものなのです。

一つになりなさい、と私たちは叫《さけ》びます。地上で一つになり、あなた方の略奪的な部分を取り去りなさい。ありてあるすべてのものを尊敬しなさい。なぜならば、それはあなたの一部であり、あなたはそれの一部だからです。すべてを愛しなさい。すべては一つのものと永久につながっているからです。

風景の天使　一九六八年七月十日

今朝、私たちは新しいメッセージを送ります。世界は変化しています。すでに高い波動は、まだ認識されてはいないものの、人間に効果を及ぼしています。低い慣れ親しんだ波動への共感やそれからの引力とは、それは別のものです。伝統的な生き方を拒否する若者の中に、これを見ることができます。これはあらゆる所で起こっています。あなた方が伝統と呼んでいるものは、もはや根拠を失ったのです。

いつものように、私たちはこれを力という視点から見ています。高次のレベルの光が今、磁力を持っています。これは、人々が人生にそれが持つ意味を理解していないので、人々を混乱させています。それは、自分のためでなく、より大いなるもののために生きる、ということを意味しています。そして、人間はまだ、自分の殻《から》を破っていません。人間の一部はこの変化を知っていますが、他の一部はそれと社会的にうまくやってゆけずにいます。人はしがらみを脱する用意はできていますが、どうすれば良いかわからず、どちらを向けば良いのか、知らないのです。

今、私たちは、どこに向けば良いか、知っています。私たちの神性です。組織化された宗教も同じことを言っていますが、大体は有益どころか、害になることが多いのです。宗教が神に与えている力は、本当の意味で真実とつながっていないからです。人間の最も気高い行為は、どんなにすばらしくても（そして確かにすばらしいのですが）、全体に喜びが与えられない限り、役に立ちません。これは明確にする必要があります。私たちであり、神でもあるこの生命力なくしては、あなた方も私たちも無なのです。私たち天使は、知と賞讃の流れの中にいます。そしてすべては、神から受け取り、再び神へと返す完全な循環の中で、私たちと共に流れています。人類が全体の意識の中で与え、受け取るという新しい時代に入る時、その運命は私たちとつながるのです。栄光は神のものであり、自分の力を頼む分裂した人間は無であるという事実を、もっとはっきりさせるべきです。神へと意識的に向かうために世界が必要としていることは、一つの源から発する一つの命があるだけだということを、知ることなのです。

リリウム・アウラトム（百合《ゆり》の一種）**のディーバ**　一九六八年十月四日

人間の意識が広がって、あなた方の世界の一部でもある異なる形を持つ命を視界に入れる時が来たのを、私たちは感じています。あなた方は自分の考えや波動を、すべてのものは全体の一部だということを考えもせずに、世界に押しつけて来ました。あなたも他と同様にその全体の一部であり、神の計画と目的によって、そこに置かれているのです。それぞれの植物もそれぞれの鉱物も、それぞれの魂がそうであるように、全体に対して貢献しています。人間はもはや、無視してもいい知性のない生命体だと、私たちを考えるべきではありません。

人間を地球上の生命の頂点に置く進化論は、ある角度からみた時にだけしか、正しくありません。神、つまり宇宙意識が生命体を作っている事実を、除外しているのです。たとえば、一般に認められている教義によれば、私は低級なユリで、ほとんどの事柄を意識できず、人間と話ができるなんてとんでもない、とされています。しかし、私たちを美しく作ったのも、あなた方の複雑な体を生み出したのも、なぜか、この同じ知性なのです。

あなた方は自分の内なる知性に、十分に気がついていません。そして体の一部にはあなたの意識が及んでいません。あなた方は、自分のほんの一部しか意識していませんし、同様に、周囲の命のほんの一部しか意識していないのです。でも、あなた方は自分の中と周囲で、より大いなるものに同調できます。ただ一つの存在から生じている、広大な意識があるのです。ただ一つの存在とは、私たちすべての中にある意識です。そしてそれは、命のすべての部分がもっとお互いを意識し合って、命という大きな動きの中で一つになり、より大いなる意識となるようにと、計画しているのです。

ですから、ユリを思って下さい。ユリのすべてを考えて下さい。そして意識でとけ合い、大いなる存在の下で一つになり、愛し合いましょう。

風景の天使　一九六九年一月十四日

感謝

あなたの感謝に対して、私たちは感謝します。感謝はすばらしく大きな効果があって、命の輪を完成する大きな盛り上がるような動きを作り出します。天使はよく、讃美の歌を歌っている姿で描かれていますが、これは私たちが自分に与えられたすばらしい命にいつも感謝しているという真実を伝える、一つの方法なのです。命と共に流れ、その無限で豊かな輝きと完全性を見てそれに参加する時、私たちは命の源への感謝と賞賛に溢《あふ》れないではいられません。

命の流れをはっきりと見つめながら、私たちは自分に与えられた愛と光と力を、感謝をこめて送り返し、その循環を完成させます。そして、生命の循環は盛衰をくり返します。私たちはあなた方にいくらかでも、私たちを通過してゆく喜びと驚きと美を伝えたい、と思います。人間もまた、これを体験できるのです。しかし、あなた方の意識は別のレベルにあって、感謝もしないので、流れを阻害しています。私たちと同じように、あなた方も自分の命と一瞬一瞬の知恵を見ることができれば、神をたたえ、踊りの輪に参加して、もっと神をほめたたえるようになります。ほめたたえることは効果があります。ぜひ、やってみて下さい。

風景の天使　一九六九年一月十八日

光として考える

植物やその他のことを、生きている光として考えて下さい。でも、私たちは、人間の目を通して見た世界の美しさから注意をそらすようにと言っているわけではありません。その美しさにつけ加え、それに現実味を加えて、あなた方がすべての創造物を高める手助けをしようとしているのです。光として考えることによって、あなたはすでに存在している光に、さらに光を加えます。そして、成長を早め、美しさを高めます。あなたは真実を見て、現実とつながります。

人は地球の表面を徹底的に変えています。地面や植生を平らにして、無用なものを移しただけだと思ったり、鉱石や石油などを採取しては、有用（人間にとって）なものを移しただけだと考えています。もし、人がすべてのものを生きている光として大切に考えていれば、あんなにも不注意に土地の形を変えはしないでしょう。

人は、自分が考えていることを、自分に引き寄せます。情況を肯定的に考えると、肯定的な結果が得られます。否定的だと、もっと否定的なことを引き寄せてしまいます。ですから、光として考えるのは、実用的なアイディアであり、あなたはすべての創造物から、反応を受け取ります。すべての創造物は、人間の思考によって曇らされてはいても、光なのです。固まった物質でさえも反応し、すべては喜びの中でつながります。人が科学的に、かつ内面的に命のより高い波動につながる時、意識は進化します。ですから、光を愛し、あなたの世界を変えて下さい。

グッドキングヘンリーのディーバ　一九七〇年五月二十四日
（ほうれん草に似たハーブの一種。私が古いハーブの本を読んだ後でコンタクトした）
私たちはいささかずんぐりとして、まったく色鮮やかでないけれど、それでも私たちの長所を携えてやって来ます。台所用の植物で、与えることに一生懸命なのです。
私たちは長い歴史の産物であり、時の渦巻の中で完成され、私たちの穏《おだ》やかな音色を響かせています。あなた方は私たちには鉄分が多くて、血液に良いと本で読みます。確かにあなた方の見地からはそうかもしれません。私たちには見地も何もありません。自分のパターンでいてそれに従うのに忙しくて、自分が何に効くのかなど、考える暇《ひま》がないのです。人間のように、自分の畑に満足せず、いつも隣りと同じか、もっと良くなりたいと思うのも、良いかもしれません。比較は私たちには不健全なことに思えます。神は私たちそれぞれ、あなた方一人ひとりを、命のさまざまな表現として、今のような姿に作ったのです。

そうです。私は自分が比較していることに気がつきました。しかし、私は一本一本の植物、一人ひとりの人間を、ひたすらパターンを追求している宇宙のリズム、宇宙の計画として、見ています。私たちはパターンに忠実なのに、なぜあなた方が自分のパターンをいつも無視するのか、不思議に思っています。私たちには人間本来のすばらしい光のパターンが見えますが、それがおおわれ、無視されているのも見えます。ディーバはあなた方が自分のパターンを作るのを助け、それを純粋に保つために働いています。一方、あなた方は本当の自分自身を生かさずに、自分勝手にやっています。本当のあなた自身はいつもそこにいるのに、それにならないとは、とても奇妙なことです。

一本一本の植物は、全体の中に役目を持っています。人間は地球上の全体の縮図ですから、どの植物もあなたと一緒に演ずる役目を持っているのです。あなた方がさまざまな種類の植物を食べるのは良いことです。あなたの体は、その時に一番役に立つものを選ぶことができます。もちろん、動物がやっているように、あなた方も自分に一番合った物を選ぶこともできますが、それを実行している人はほとんどいません。もし、あなた方がそうするならば、私たちはたぶん、一番人気になるでしょう！

私たちは慎《つつし》み深い音を出し続けて、必要な時のためにここにいます。それはそれとして、すべてを創った方に感謝するのみです。

野スミレのディーバ　一九七〇年五月三十一日

（ハリエニシダの野原のそばで、砂丘のゴワゴワした草にまぎれて咲いていたスミレ）

私たちはあなたがコンタクトした一番小さな花なのに、大きな木と同じほどの力と権威を持っていることに、あなたは気がつきましたね。そうです。これは私たちが野性で、丈夫で、自由で、人間の気まぐれに依存していないからです。もちろん、ディーバのパターンは、植物が自然に根を張った所に、最もはっきりと刻み込まれます。

では、外面の強さの奥にある私たち固有のものに達して下さい。あなたの心の目に、うさぎが草を食べた所に見える、草の間にぱっと光る私たちの色が見えます。命がどれほど関係し合い、依存し合っているか、わかって下さい。ワンネスは理屈ではなく、事実です。そして、すべての命はこのことを、人々の目に示しているのです。

また、対照の価値も見て下さい。まわりはずっと何百万という花をつけたハリエニシダの海で、私たちは観察力のするどい人のために、そこここに散らばっているだけです。ハリエニシダはたくさんであることを喜び、私たちはほんのわずかであることを喜んでいます。あなたは私たちを比べることはできません。自然のそれぞれのメンバーは、みな違っていて個性的なのです。しかし、あなた方人間は、自分が持っていないものと、人が持っているものを、着る物、庭、お金、物の見方、病気、時間、仕事、チャンスなど、何でもかんでも、比較して人生をすごしています。あなたが必要なものは、あなた自身であり、純粋なあなたのパターンでいることだけです。そうすれば、あなたは正しい状態を引き寄せるでしょう。その時、あなたの声はいかなる声とも同じように強く、正しくなるのです。

あなたは私の声の力にびっくりし続けています。私は私のためのすき間を見つけ、神が私のために決めた場所にいます。そのために、私はこの土地のどんなものとも同じくらい強力なのです。私は力です。しかも、私は、内気さと同義語なのです！　この世でも次の世でも、自分に定められたパターンに従い、神の意思を思いきり行なう者を、だれもぐらつかせることはできません。

私は力について、私の力ではなく神の力について語ることで始め、また終わらなければならないようです。しかし、あなたが他の点で私を愛していることを知っています。愛をこめて、これで失礼します。

ラベンダーのディーバ　一九七〇年七月二十六日

（心に悩みを抱えながら、元気の良いラベンダーの生け垣を見ていた時に受け取ったメッセージ）

私たちの群が、「こっちに来て、人間生活の重苦しさを解放し陽気な私たちにまじりなさい」と、あなたを呼んでいるようですね。すべての命はこの精神の中で楽しめるということが、わかりませんか？　あなたの暗い見方と、あなたの心の中だけの現実とが、不必要な重荷となっていることが、わかりませんか？　生まれたとたん、あなたは世間的な考えの次元に投げ込まれ、その考えは絶えずがなり立てるので、あなたがそれを当然だと思い込み、他のものは何もかも非現実的だと言い始めます。でも今、上を見上げ、上昇し、良きことだけをあなたの意識に取り入れるようにしなさい。あなたの問題を、新しい気づきをもたらす楽しいゲームとして、幸せな出来事として、受け入れなさい。それが問題の真実の姿だからです。あなたを重く引き下げるかわりに、それに上に持ちあげてもらえばいいのです。

あなたの問題から抜け出す道はあります。そして、それを見つけるのはあなたです。その問題が起きたレベルで、抜け出す道を発見することはできません。そこにあなたの意識が押しこめられているからです。あなたの問題は、あなた自身を発展させてもっと多くの光を入れ、人生をもっと高めて楽しむためのチャンスです。誰かが出口を示してくれるかもしれませんが、あなたの意識しか、その問題を解決することはできません。あなたは誰か他の人のせいにすることもできません。そして解決はあなたの行動にかかっているのです。

私たちには、人間のための答えははっきりわかっています。あなた方に他の人のための答えがはっきりわかっているのと同じです。でも、あなたはそれを自分自身に応用するのを忘れています。ですから、自分が困難な状況にあるのがわかったら、高みに上がって自分自身を笑いなさい。深入りせずにいれば、道が見えてきます。成長と行動のためのチャンスに、感謝しなさい。自分の宿命を嘆《なげ》いて、否定的な気分を広めるのは止めなさい。光を見つけ、広げなさい。人生は成長と拡大をするものです。人生と共に動き、あなたの世界を変えなさい。あなた方人間と私たち天使は、同じ一つのものです。私たちはあらゆる機会にこのことを強調し、あなた方の生活に光のきらめきをもたらし、私たちの二つの世界を喜びの内に一つにしようとしています。私たちはすべての命をとても愛しています。あなた方も自分自身になった時、そうなるでしょう。あなたの思いがその道なのです。それを高めて下さい。

シャボン草のディーバ　一九七〇年九月五日

私たちの香りがあなたを、ディーバの澄《す》んだキラキラした空気へと漂《ただよ》わせてゆく時、あなたは私たちの影のない世界がニューエイジのものであることに、改めて気づくでしょう。ここではすべてがその聖なる場所を持ち、しかもより大きな力へと動いています。命は良きものであり、何も差別したり捨てたりするものはありません。ですから、私たちは差別は知りませんが、私たちの移動性と瞬時の行動力は、あなたの想像を越えたワンネスの中で、私たちを一つにしています。私たちはそれぞれ完全に「今」に同調し、新しいエネルギーで行動しながら、同時に隣人ととけ合うのです。

もし、あなた方が同じようであれば、人間の生き方もどんなにか進歩するでしょうか！

事実、あなた方は同じであり、ますます人間は今に同調し、意識を広げています。本を開くとまさに必要なページだったり、誰かがまさにあるべき時に現れたりする時、あなたはこのことに気づきます。この一瞬の反応はますます増え、広がり、あなたの移動性も私たちと同じくらい大きくなってゆくでしょう。これは肉体にとっては、あり得ないことのように聞こえるかもしれません。しかし、あなたが常にいるべき場所、いるべき時間にいる時、それは完璧な移動性ではありませんか？　また、あなた方の意識が時間と空間に縛られる必要もありません。そして、意識が広がって、おおいなるワンネスを体験するでしょう。ワンネスは体や時間や空間、それにさまざまな心理的な壁とは、まったく関係がありません。愛は壁をとかします。

あなたの考え方の中にある壁を手放す時、内なる現実が出現し、ワンネスが現れます。あなた方は自分を制限しているために、私たちのことをずっと、疑っていました。今、壁が崩《くず》れ、ワンネスが私たちすべてを包み込むのを見て、私たちは喜んでいます。音、香り、視野などは、物質のレベルに限られているように見えるかもしれません。しかし、それらは同じように〝内なるもの〟であり、宇宙の命の一部なのです。ですから、私たちはみな、一つのものとして動くのです。そして、命をそのようなものとして、ほめたたえましょう。

ヘンルーダ（みかんの一種）**のディーバ**　一九七〇年十月五日

あなたは本当に、植物の不思議を理解していますか？　あなた方が高次の次元と呼んでいる、澄《す》みきったエネルギーと力に満ちた所に、私たちによって保たれたパターンがあります。それは地球を作り出した命の大いなる目的に捧《ささ》げられています。そして、低次のレベルには、こうしたさまざまなエネルギーパターンの結果が現れます。葉は一枚一枚独特で美しく、一つひとつの花は見事なデザインで作り出され、それぞれの種はそれ自身のメッセージを運び、それぞれに味と香りと力を地上の生活にもたらしています。

ある植物は傷を治し、あるものは視力を助け、あるものは感情を沈めます。これは、奇跡ではありませんか？

これこそ、命のワンネスの奇跡です。あなた方はそれぞれ植物と親しい関係があり、植物もあなた方やこの地上と、そこを超えたすべてのものと関係しています。神の世界では、命は地球や他の惑星上で完全に表現されるために、精妙に調整されています。そして一部がバランスを崩《くず》すと、全体が影響を受けるのです。

しかし、私たちは命の不思議を強調したいのです。あなた方人間は不死を望み、他の次元にあこがれているかもしれません。しかし、まわりの栄光とすばらしさを理解し、この地球上に生きる特権を可能にした巨大で目的を持ったエネルギーを理解すれば、あなたはこの人生をもっと大切にし、もっと楽しめるでしょう。時間という点から、この特権を考えて下さい。何億年という年月が、現在の複雑な相互関係の状態へと生命の乗り物を育てるために、必要だったのです。

あなた方の感受性の欠如が命を脅《おびや》かしている今、あなたに必要なのは、より敏感になること、命の奇跡を理解すること、そして、畏敬《いけい》の念とそこから生まれる愛の中で、さらに意識の中で、広がることです。命の不思議を植物の中やその他の場所に見るすべての人々は、自分にその効果を何かの形で表わしたいと思うでしょう。私たちはみなつながっているので、すべての人はお互いに、そして私たちに、それぞれの独自の生き方でつながってゆくでしょう。

だから、命の不思議を理解して下さい。そして、この惑星をより偉大な運命へと発展させて下さい。

ゴデチア（いろまつよい草）のディーバ　一九七〇年十一月十二日

冬の間は私たちの姿は消えますが、その背後の本質はまだここにあります。そして、陰気な灰色の日に気分が沈んだと思ったら、私たちに目を向け、私たちの陽気なエネルギーに触れて下さい。あなたはそのエネルギーの友情と、命そのものである抑《おさ》え切れない高揚感を感じることができます。あなたは輝いている花の色を考えることもできますが、その中には、もっと自由な形で、その元型があるのです。内にあるのは私たちの美の世界であり、それはあなたの中の美に対するあらゆる感覚を呼び覚します。

そして奇妙なことに、その下にはもっとあります。ワンネス、愛、神へと広がっている深い平和です。

私たちそれぞれの外側の世界は、とても違っているかもしれません。それに、私たちにとって、外側の世界は存在さえしていないかもしれませんが、あなた方の中には、すべての世界が出会う場所があります。そこで私たちはみな、共に祝うのです。すべての命が一つになるその場所を見つけるのは、あなたです。

クリスマスローズのディーバ　一九七一年三月九日

命を操《あやつ》ってひどい結果を生みだすことによって、地球上のすべての命がつながっていることを人間は証明しようとしています。人間が引き起こした害のいくつかは修復不可能であり、いくつかは自然と人間の協力でバランスを取り戻すことができます。でも、すべての仕事を私たちディーバにゆだねることができるなどと、考えてはいけません。あなた方は、内に向かってはワンネスと調和の方向に働きかけ、外に向けてはこれ以上損害を与えるのを止め、回復策を講じて、きちんと実行しなければいけません。人と自然は良いことのために協力する必要があるのです。

誰もがこのプロセスを助けることができます。何をする必要があるか、意識を広げて耳を傾けることも、あなたのエネルギーを自然と人間の愛のために、実際的な方法で使うこともできます。全体性を忘れずに生活し、否定的にならず全体へと愛といやしを降り注ぎ、神の力は自由に使えることを覚えているだけでもいいのです。細菌を見なくても天使を見なくても、すべては全体の一部であることを知っていれば、あなたは命のすべての顕現を助けることができます。神の知恵は自然を通して、最高に働いています。そして、あなたが全体に目を向けた時、それはあなたを通して同じように働くことができます。全体の中でのみ、世界は救われるのです。

風景の天使　一九七一年五月七日

私は私たちの次元の最も高い所から、あなたに呼びかけています。そして、あなたもそこにいます。私たちは土の中からあなたに呼びかけ、あなたはそこにいます。私たちは空間を超えた別の世界から呼びかけ、あなたはやはり、そこにもいます。私たちの内部は静かで、しかも同調し、あなたは私たちのワンネスを共有しています。もし、私たちが行けない世界があるとしたら、あなた方はそこにもいるに違いありません。「人間よ、自分自身を知りなさい」

私たちはあなた方に、自然の王国から話しています。この王国の知恵を見くびってはいけません。この王国は聖なるものであり、それはあなた方が自分勝手に無視している隠れた世界も含んでいます。あなたのまわりに、すべての物の中に、そこから来たもの、それであるものがあって、唯一のものへとつながっています。そして、あなたの中には、このことを知っていて表現することができる意識があるのです。あなたはあらゆる世界にとって、すべてなのです。あなたは命それ自体を具体化し、地球と天につながっています。そして、無限の宇宙の中の小さな惑星に住む、小さい小さいかけらであり、すべてのイメージなのです。それがあなたなのです。

しかし、あなたは自分をどう思っていますか？　私たちは自分のこともあなたのことも知っています。でも、あなたは、どう思いますか？　あなたの思いがあなたに教えています。それはあなたの表現の場であり、あなたはそこに、本当の自分を反映させることもできるのです。あなたの考えは否定的で、くよくよしていませんか？　では、それを変え、ひっくり返しなさい。ワンネスを探し、向上し、本当の自分に向かうために、反対の力を使いなさい。本当の自分を楽しみなさい。それに感謝しなさい。創造とその奉仕者に感謝しなさい。本当のあなたをさし出しなさい。あなたの大きさと共にいなさい。私たちがずっと力を行使しているのもそのためです。しかし今、私たちはお互いに知り合い、神の栄光のために共に歩むことができます。もう、あなたに呼びかける必要はありません。一つのものとして、私たちは全体性を表現できるからです。

風景の天使　一九七一年五月十九日

今、これまでになく、大いなる宇宙の天使がやさしく美しく、地球に触れようとしています。彼らは以前にもそうしたことがありましたが、今、地球と人間が動き出し、彼らに心を開いています。天使の感触はすてきです。それは太陽の暖かさの中や、そよ風の中に乗ってくるように思えるかもしれません。天の向こうまで、伸びているように見えるかもしれません。しかし、あなたが疑い、怖れ、心労などの重荷を持っている時は、やって来ることができません。あなた自身が自分の状況の主人である時、あなたは私たちの一人です。あなたが本当の自分自身である時、私たちは地球全体とつながることができます。あなたがその地球だからです。

こうしたことはどんどん起こりつつあります。そして、私たちの創造的なやさしさの力は、あなたの中でますます大きくなりつつあります。それははるかかなたの利用できない力ではなく、あなたが毎日使い、すべての命と関わり合うためのものです。そして、あらゆる状況のためのものであり、穏《おだ》やかな春の日と同様に、冬の木枯しのためでもあります。すべては全体の一部であり、すべてが目的と意味を持っているのです。

あなた方は、すべてが兄弟である一つの宇宙の中に、自分自身を発見しつつあります。そして、あなたの既知の世界のすべてのものがあなたの兄弟になるに従って、未知の世界が兄弟の一部として、広がってゆきます。すると、すべての創造物は喜びの歌を歌い、あなたはそれをまずは地上で、次に、それを超えた所で聞くでしょう。自然が新しい日の挨拶をする時、あなたはその歌を聞くのです。

天使のせん細なささやきを疑ってはいけません。その中で喜び、それに心を開き、感謝を捧《ささ》げなさい。それはこの驚くべき宇宙から、大いなる意識からあなたに差し伸べられた神の手なのです。空間から、まわりから、信じられないほどの美しさが、あなたへとやって来ます。心を開いてそれを出迎えなさい。そうなっているのですから。神をほめたたえなさい。

風景の天使　一九七一年七月十五日

愛

植物に向けた愛の大きな影響にあなたが気がついたことを、私たちはとても喜んでいます。私たちもあなた方の宗教も、お互いに愛し合いなさいと、強調しています。でも、こうした言葉はずっと、ただの言葉にすぎませんでした。植物の世界は指示されたことをゆがめてしまうエゴや理性の壁がないので、すぐに反応します。そして、愛はすばらしく大きな力を持っています。本当に大きくて、しかもせん細な力です。

神は愛である、と言われています。その通りです。創造物の意識が高まるにつれて、それはより大きな愛を表現します。その意識がどのようであれ、命の本質は愛です。ですから、愛に囲まれている時、命はより完全にそれ自身になります。これはすべての王国の真理であり、地球上での命に対する人間の最大の貢献は、意識的に愛すること、そして、健康と活力と美を人生にもたらすことなのです。

未来の菜園は、現在あるどんなものもはるかに超えたものになるでしょう。それも科学や学問を応用し、その利用を押し進めるからではなく、愛によってです。愛をそっと与えることによって、植物を十分に、その神の本質へと育《はぐく》むのです。

来たるべき時代には、人間はもっと十分に自らの神性を表現するようになるでしょう。愛が彼らを取り囲むにしたがって、植物はより急速にその神性を表現し、変化に順応しやすくなり、他の命ともっと深く調和するようになります。愛は奇跡を起こすものですから、植物の奇跡も起こるでしょう。植物は一定の結果をもたらすように強制され、苦しめられてきました。愛によってもっとずっとすばらしい結果が、楽々と達成できるでしょう。あなたが愛を信じ、愛の力を行使すれば、それが実現するのを見ることができるのです。

愛がもたらすもう一つの喜びは、植物と人間の新しい合一です。愛し合っている二人の人間がすばらしい信頼感を持っているように、すべての王国のメンバーも、愛し合っていれば、すばらしい信頼感を持てるからです。

私たちがなぜ、あなたが愛の力に気づいたことを喜んでいるのか、今、もっと良くわかりましたね。

愛の抱擁《ほうよう》の中に、すべての命はますます神性を明らかにし、神はすべての私たちの中で一つになるのです。

アオイのディーバ　一九七二年六月十五日

地球上には完全なものはない、と言われています。それでも、どこにもかしこにも、あなたは完全なものを見ることができます。花から一滴の露に至るまで、鳥から日没に至るまで、味覚からパターンに至るまで、すべては常に変化し、動いています。あなたの五つの感覚の使い方と、物質的、感情的、精神的な体のバランスが良ければ、それはここにあります。ところが、どれかが全体の感覚を失うところまで下がってしまうと、あなたは何も見えなくなります。それでも、私たちの全体性や完全なバランスが急にあなたの心に飛び込んで来て、神の呼吸があなたの存在のすべてを満たすことがあります。私たちは何も言いません。私たち自身で十分なのです。私たちであるものは、あなたでもあるからです。神が話しているのです。

人間の意識が、神は強力だから、そんな小さなものを通して話すはずがない、と言っているのを感じています。人間の意識はこうして、神をある枠の中に狭めようとしているのです。でも、原子は強力であることがわかっています。すべては、どんな小さなことでも大切なのです。すべての細胞、どんなちりでさえも大切であり彼らもまた神の声で話しています。人間の仕事は、新しい世界を整理し作り出すことです。私たちはあなたに、私たちの小さな世界で、どのようにそれが行なわれたかをお見せします。私たちの神の部分に、お話しさせて下さい。

訳者あとがき

本書、『天使の歌が聞こえる』は、ドロシー・マクレーンの著書、「To Hear the Angels Sing」の日本語訳です。この本は一九八〇年にロリアンプレスから出版されましたが、一九九〇年に、リンディスファーン社より再発行されました。

ドロシー・マクレーンについては『大地の天使たち』という美しいカラー写真入りの本が日本教文社より一九九七年に出版されていますが、日本ではまだそれほど知られていません。カナダ人で、イギリスのスコットランド北部にあるニューエイジの共同体、フィンドホーンコミュニティの創立者の一人です。

フィンドホーンコミュニティーはドロシーと彼女の友人、ピーターとアイリーンのキャディ夫妻の三人が一九六二年の秋にフィンドホーンの村はずれにあるトレーラーパークに住みつき、神や植物の天使のメッセージに従って生活してゆく内に、人々が自然に、彼らのまわりに集まり住むようになってできあがった共同体です。

ドロシーとピーターとアイリーンの三人はホテルのマネージャーの職を突然失ったあと、フィンドホーン村のトレーラーパークに、そこが一時的な避難場所だと思って、移り住みました。しかし、ドロシーもピーターも、不思議なことに新しい仕事を得ることができず、失業手当だけで、生活をしなければなりませんでした。苦しい家計のたしにと、ピーターは周囲の砂地を畑にして、野菜を作り始めました。そして、ある日、それまでは内なる神とコンタクトして、メッセージをもらっていたドロシーが、植物の精、それも、エンドウ豆の精と会話を始めました。それ以後、ピーターとドロシーは彼女がディーバと名づけた植物の精と協力して、みごとな畑を作りあげ、そこから、巨大なキャベツやブロッコリーが採れ始めました。それと同時に、ドロシーは彼女の生き方や考え方について、ディーバからたくさんの助言をもらって、人間的にも大きく成長してゆきました。

フィンドホーンがニューエイジの共同体として確立した一九七三年、彼女はフィンドホーンを霊的な教育センターに作りあげたアメリカ人、デイビッド・シュパングラーと共に、フィンドホーンを出て、アメリカに戻りました。それ以後も、自然とのコンタクトを続けて、人間が破壊し尽くそうとしている自然を守るために働いています。

本書はドロシーがディーバとのコンタクトを始めるまでのいきさつと、その後、彼女がどのようにディーバとの交流を深めていったか、ディーバからのメッセージを数多くとりあげながら、書き記したものです。知性的で真面目で誠実そのものの彼女の人間性が、言葉の隅々から伝わってくる一つの物語と言うことができましょう。

本書に描かれているディーバは、自然界のさまざまな存在たちの背後に控《ひか》えていて、一つひとつの生き物たちの原型を保ち、その成長を導いている知的な存在と言われています。さらに、生き物だけでなく、鉱物にも、山にも、風景にも、水にも、そして、機械や、国や、団体でさえも、それぞれのディーバがいて、知性をもっているのだと、ドロシーのディーバたちは語っています。そして、その全てが、私たちを含めて、ひと連なりの生命体なのです。

知性を持っているのは私たち人間だけではなく、全てのありてあるものが命と意識を持って、それぞれの役割を果しているのが、この世界の現実なのです。

そして、自然は、特に木を中心とした植物の世界は、私たちの人間の生活に深く結びついた大切な存在であることを、ドロシーは木や植物そのものからのメッセージとして、直接に私たちに伝えてくれています。人間の行為によって自然が壊されるとき、それは人間を同時に深く傷つけていることに私たちに気づいて欲しいと、自然は願っているのです。

彼女がこうしたメッセージを受け取ってからすでに三十年以上たった今、私たちの周囲では自然破壊がますますひどくなっています。今こそ、ドロシーが伝える自然界のメッセージを多くの人々に知っていただきたいと思わずにはいられません。そして、私たちがすべてはひと連なりの生命であることを真に理解した時、誰もがドロシーと同じように、天使の歌を聞けるようになるのではないでしょうか。

最後に、日本教文社の渡辺浩充さんをはじめとしてこの本の制作に尽力してくださった沢山の方々に深く感謝したいと思います。

二〇〇一年八月

山川　紘矢
山川亜希子

著者紹介

ドロシー・マクレーン

カナダ、オンタリオ州生まれ。西オンタリオ大学を卒業後、第二次世界大戦中、英国諜報部に勤務する。その後、イギリスに住んでいる間に、生命の本質の探求を続け、ついに内なる神との意識的交信をはじめた。一九六二年、ピーターとアイリーン・キャディ夫妻とともに、北スコットランドでフィンドホーン共同体を設立した。彼女は自然と交信することにより、有名なフィンドホーン・ガーデンの誕生に寄与した。一九七三年、スコットランドを離れて、カリフォルニアに移り、そこでロリアン協会の設立に参加した。その後、アメリカのワシントン州とカナダで活躍し、「地球とつながる——精霊の意志との同調」というワークショップを行なっている。本書の他に『大地の天使たち』(日本教文社)『フィンドホーン・ガーデン』などがある。

訳者紹介

山川紘矢・山川亜希子

山川紘矢＝一九四一年静岡県生まれ。六五年、東大法学部を卒業し、大蔵省に入省。マレーシア・アメリカなどの海外勤務を経て、大蔵省財政金融研究所研究部長を務め、八七年、退官。現在は翻訳に携わる。
山川亜希子＝一九四三年東京都生まれ。六五年、東大経済学部を卒業。マッキンゼー・アンド・カンパニーなど外資系会社を経て、現在は主婦業のかたわら翻訳の仕事に携わる。主な訳書にシャーリー・マクレーン『アウト・オン・ア・リム』、パウロ・コエーリョ『アルケミスト』(地湧社)、ジェームズ・レッドフィールド『聖なる予言』(角川書店)、ドロシー・マクレーン『大地の天使たち』、アイリーン・キャディ『心の扉を開く』『フィンドホーンの花』『フィンドホーン愛の言葉』、デイビッド・シュパングラー『人はなぜ生まれたか』、ポール・ホーケン『フィンドホーンの魔法』(日本教文社)など多数があり、共著にも『アシジの丘』(日本教文社)などがある。

住所＝東京都町田市成瀬台三—二五—五　〒一九四—〇〇四三
ホームページ＝http://www2.gol.com/users/angel/　または　http://www.tcp-ip.or.jp/~hirai/

天使《てんし》の歌《うた》が聞《き》こえる

二〇〇一年一〇月一〇日　初版発行
二〇一〇年　六　月二〇日　三版発行

著者……ドロシー・マクレーン
訳者……山川《やまかわ》紘矢《こうや》・山川《やまかわ》亜希子《あきこ》〈検印省略〉

発行者……岸　重人
発行所……株式会社　日本教文社
〒一〇七—八六七四　東京都港区赤坂九—六—四四
電　話　〇三（三四〇一）九一一一（代表）〇三（三四〇一）九一一四（編集）
ＦＡＸ　〇三（三四〇一）九一一八（編集）〇三（三四〇一）九一三九（営業）
振　替　〇〇一四〇—四—五五五一九
http://www.kyobunsha.jp/

印刷・製本……凸版印刷　株式会社

ISBN978-4-531-08132-5 Printed in Japan